공부가 재미있어지는
스토리텔링
교과서 수학

2013년 8월 10일 1판 1쇄 발행
2014년 2월 20일 1판 2쇄 발행

글 이영민 그림 누똥바 감수 이동훈
펴낸이 문제천 펴낸곳 (주)은하수미디어
편집장 김은영 편집책임 오숙희 편집 임소현
디자인책임 문미라 디자인 이수진
편집진행 김혜영 디자인외주 이재경 제작책임 이남수
주소 서울시 송파구 송이로32길 18, 405 (문정동, 4층)
대표전화 (02)449-2701 편집부 (02)3402-1386
팩스 (02)404-8768
출판등록 제22-590호 (2000. 7. 10.)
홈페이지 www.ieunhasoo.com

이영민 글 | 누똥바 그림
전국수학교사모임 이동흔 감수

3 문자와 식

4 도형

5 측정

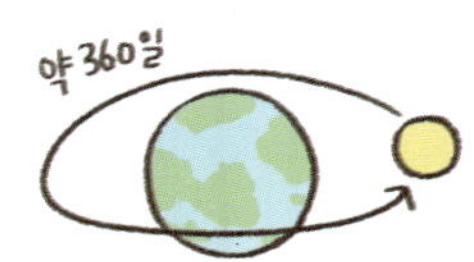

6 확률과 통계

수

소년이 잃어버린 양은 몇 마리일까요?

시계에서 볼 수 있는 이상한 숫자는 무엇일까요?

아랍에서 아라비아 숫자를 쓰지 않는다고요?

0은 왜 필요할까요?

세상에서 가장 큰 수는 무엇일까요?

숫자를 걸러내는 체가 있다고요?

자연수는 짝수보다 많을까요?

오늘이 3일 수요일이면 다음다음 주 수요일은 며칠일까요?

과자는 왜 12개가 한 묶음일까요?

누가 더 부자일까요?

빚에 빚을 곱하면 재산이 된다고요?

소년이 잃어버린 양은 몇 마리일까요?

10

아주 오랜 옛날에는 지금과 같은 숫자가 없었어요. 마치 어린아이들이 손가락을 꼽으며 나이를 세는 것처럼, 사람들은 몸을 이용하거나 혹은 돌멩이를 사물에 하나씩 연결하는 방식으로 수를 세었지요.

몸을 이용해서 수를 세는 방식은 얼마 전까지 뉴기니의 파푸스 족이 사용했던 방법이에요. 오른손 새끼손가락을 1로 생각하고, 손가락부터 팔, 눈, 코, 귀와 같이 몸을 한 바퀴 돌며 수를 세었어요.

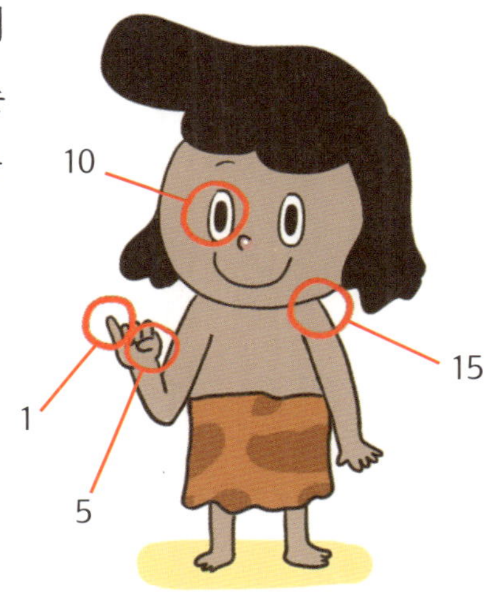

옆의 그림과 비교해 보면 원시인 소년이 데리고 나간 양의 수는 왼쪽 어깨만큼이니까 15마리예요. 그런데 돌아온 것은 오른쪽 눈만큼이니까 10마리이지요. 결국 잃어버린 양은 5마리예요. 파푸스 족의 표현대로라면 오른손 엄지손가락만큼이 없어진 거예요.

원시적인 방법에서 벗어나 가장 먼저 숫자를 사용한 사람들은 메소포타미아의 바빌로니아 사람들이었어요. 이외에도 고대 문명이 발달했던 각 지역에서는 모두 숫자가 발달했지요. 그래서 옛날 사람들은 지역에 따라 다른 숫자를 사용했답니다.

 수의 개념

하나, 둘, 셋 또는 1, 2, 3과 같은 수는 머릿속에 있는 개념이에요. 양 1마리, 빵 1개는 실제로 있는 것이지만 이것을 나타내는 1이라는 수 개념은 실제로 있는 것이 아니지요. 아이들이 처음 숫자를 배울 때 손가락으로 세며 개념을 익히다가 나중에 사탕 2개와 과자 2개가 같은 2라는 것을 이해하게 되는 것처럼, 원시인들이 수 개념을 알게 되기까지는 오랜 세월이 걸렸답니다.

시계에서 볼 수 있는
이상한 숫자는 무엇일까요?

　시계에서 종종 볼 수 있는 Ⅰ,Ⅱ,Ⅲ,Ⅳ…Ⅹ과 같은 기호는 옛날 로마 사람들이 사용하던 숫자예요. Ⅰ은 1, Ⅱ는 2, Ⅲ은 3, Ⅳ는 4, Ⅹ는 10이지요. 로마 숫자는 큰 수를 나타내거나 계산하기가 불편했어요. 그래서 계산한 결과를 표시할 때만 사용되었어요.

▲로마 숫자가 쓰인 시계

　사람들이 실제로 계산을 할 때는 선수판이라는 도구를 사용했지요. 선수판은 판에 홈을 파고 알을 굴리면서 계산하는 주판과 비슷한 도구였답니다.

　로마 숫자는 유럽에서 오랫동안 사용되었기 때문에 지금까지도 시계나 책 등 여러 곳에서 찾아볼 수 있어요.

상식 숫자에 담긴 의미

　사람들은 숫자에 다양한 의미를 담기도 해요. 숫자 1은 대체로 시작, 1등, 최고와 같이 가장 처음 오는 숫자라서 좋은 의미로 사용되지요. 반면에 우리나라나 중국과 같은 나라에서는 숫자 4를 좋지 않게 여겨 싫어해요. 그래서 건물의 층수를 표시할 때 4를 F(영어로 4라는 뜻인 Four의 앞 글자)로 표시하는 경우를 종종 볼 수 있어요. 이것은 우리나라에서는 4의 발음이 죽는다는 의미의 한자인 '사(死)'와 같기 때문에 생긴 미신이에요. 하지만 반대로 고대 그리스에서는 4를 성스러운 수로 여겼다고 해요.

아랍에서 아라비아 숫자를 쓰지 않는다고요?

오늘날 우리가 사용하는 숫자를 흔히 '아라비아 숫자'라고 불러요. 이 숫자를 처음 유럽에 들여온 사람들이 바로 옛날 아랍 사람들이었기 때문이지요. 하지만 이 숫자를 만든 것은 아랍 사람들이 아니었어요. 아랍 사람들은 이 숫자를 인도에서 들여왔기 때문에 '인도 숫자'라고 불렀답니다.

유럽 사람들은 처음에는 아라비아 숫자를 사용하려고 하지 않았어요. 하지만 아라비아 숫자가 워낙 편리했기 때문에 결국 로마 숫자를 버리고 아라비아 숫자를 사용하게 되었어요.

고대의 문자들은 기호를 반복해서 쓰거나 계속 새로운 기호를 만들어 내야 했기 때문에 아주 큰 수를 나타내기 힘들었어요. 그런데 아라비아 숫자는 0부터 9까지 간단한 숫자로 이루어져 있고, 이 숫자만 있으면 아무리 큰 수라도 쉽게 나타낼 수 있지요. 또 아라비아 숫자를 자릿수에 맞추어 세로로 쓰면 계산을 하기가 쉬워요. 하지만 로마 숫자는 세로로 맞추어 계산을 하려고 하면 복잡하지요. 이러한 장점 덕분에 아라비아 숫자는 다른 여러 숫자들을 누르고, 인도에서 아랍을 거쳐 유럽 그리고 오늘날 전 세계에 이르기까지 널리 사용되게 되었답니다.

 상식 아랍에서 사용하는 숫자

오늘날 아랍 사람들이 사용하는 숫자는 아래와 같아요. 오래전부터 써 왔고 지금까지도 그대로 쓰고 있지요.

유럽	0	1	2	3	4	5	6	7	8	9
아랍	٠	١	٢	٣	٤	٥	٦	٧	٨	٩

0은 왜 필요할까요?

영지야, 너는 무슨 숫자가 가장 좋아?
왜?
네 생일에 네가 좋아하는 숫자만큼 꽃을 선물해 주려고.
와, 멋지다! 그런데 어쩌지? 내가 좋아하는 숫자는 0이야.
왜 하필이면 0이야?
보통은 1이나 7 같은 숫자를 좋아하잖아.
벌
떡
아이쿠 깜짝이야!
왜? 0이 얼마나 멋진 숫자인데.
0은 아무것도 없다는 뜻이잖아. 선물은 어떻게 하라고….
0이 두 개면 안경 같아!
내 맘도 몰라주고…
다른 숫자를 말해 줘야지

　보통 숫자는 어떤 수나 양을 나타내는데 0은 그렇지 않아요. 다른 숫자와는 달리 '없다'는 뜻을 지니고 있지요. 옛날 사람들은 없는 것은 없기 때문에 따로 쓸 필요가 없다고 생각했어요. 그래서 204 같은 경우에 '2 4'처럼 그냥 자리를 비워 놓고 썼어요. 하지만 이렇게 하니까 24를 사이를 띄고 쓴 것인지 204인지 헷갈렸어요. 그래서 결국 사람들은 '없다'는 것을 표시할 기호가 필요하다고 생각하게 되었고, 0을 만들어 사용하게 되었지요. 0은 숫자 중에 가장 마지막으로 만들어졌지만 아주 중요한 숫자예요.

　현재 우리가 쓰는 수는 자리에 따라 값이 달라져요. 33에는 3이 두 번 나오지만 앞의 3은 30을, 뒤의 3은 그냥 3을 뜻해요. 이렇게 숫자를 자릿수의 원칙에 따라 쓰면서 수학 계산은 훨씬 편리해졌지요. 또 4만3백6십2처럼 쓰려면 수가 커질 때마다 만, 백, 십과 같은 자리의 이름을 계속 만들어야 해요. 하지만 40362처럼 자릿수에 따라 값을 표현하면 503656847362와 같이 아무리 큰 수라도 쉽게 쓰고 나타낼 수 있지요. 이것을 가능하게 만들어 준 것이 바로 0이에요. 0이 없다면 1과 10, 100 등을 구별할 수 없을 테니까요.

상식 0은 '영'이라고 읽을까요, '공'이라고 읽을까요?

　0은 '영'이라고 발음하기도 하고 '공'이라고 발음하기도 해요. 예를 들어 0.3m는 '영점 삼 미터'라고 하고, 핸드폰 번호 010은 '공일공'이라고 하지요. 0.3에서 0은 일의 자리에 아무것도 없다는 것을 나타내는 숫자예요. 이럴 때는 '영'이라고 읽어요. 하지만 핸드폰 번호의 0은 단순한 기호예요. 이럴 때는 '공'으로 읽는답니다.

세상에서 가장 큰 수는 무엇일까요?

우리가 자주 사용하는 큰 수는 '억'이나 '조' 정도예요. 하지만 옛날 중국 당나라의 산수 책에는 '경', '해', '자', '양', '구', '간', '정', '재', '극' 등의 더 큰 수들이 적혀 있어요. 이외에 '항하사', '불가사의', '무량대수' 등도 큰 수의 이름이에요. 이런 어려운 이름은 불경에서 나온 말로 10을 52번 곱한 '항하사'는 인도 갠지스 강의 모래알만큼 많은 수라는 뜻이에요. 그리고 '불가사의'는 10을 64번 곱한 것으로 도저히 알 수 없는 일을 뜻하지요. 또 '무량대수'는 10을 68번 곱한 것으로 끝없이 많은 수라는 뜻이랍니다.

그럼 가장 큰 수는 '무량대수'일까요? 아니에요. 숫자는 끊임없이 계속 늘어날 수 있기 때문에 실제로 세상에서 가장 큰 수가 무엇인지는 알 수 없어요. 그러니까 세상에서 가장 큰 수는 '모른다' 또는 '알 수 없다'라고 해야 맞아요.

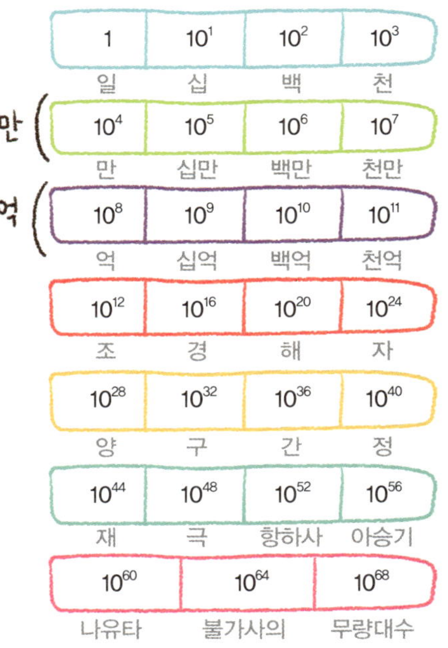

 수 끊어 읽기

큰 수를 쓸 때는 세 자리마다 쉼표를 찍기도 하는데, 이것은 서양의 전통을 따른 것이랍니다. 서양에서는 천, 백만, 십억처럼 세 자리씩 끊어서 읽고 단위를 표시하지요. 하지만 우리나라는 네 자리씩 끊어 읽어요. '일', '십', '백', '천'의 네 자리 수를 한 묶음으로 놓고 한 묶음씩 올라갈 때 마다 새로운 이름을 붙여요. '천' 다음은 '만', '천만' 다음은 '억', '천억' 다음은 '조'라고 하지요.

숫자를 걸러내는
체가 있다고요?

 2, 3, 5, 7, 11, 13 등이 있지요.

사람들은 이 신기한 수를 많이 찾아내고 싶어 했어요. 하지만 소수를 찾으려면 일일이 여러 수로 나누어 보고, 나누어떨어지는 수가 없는지 계산해야 했어요. 그래서 수가 커질수록 계산이 점점 복잡해졌지요.

그런데 한 수학자가 소수를 쉽게 찾는 방법을 알아냈어요. 4는 2의 배수이기 때문에 2로 나누어떨어져요. 따라서 소수가 아니지요. 어떤 수의 배수이면 절대로 소수가 될 수 없어요. 그 수학자는 이 원리를 이용했어요. 그래서 숫자들 중에서 어떤 수의 배수인 숫자를 차례로 지워 나갔답니다.

한번 따라 해 볼까요? 1부터 50까지의 숫자를 차례대로 적어요. 그리고 1을 지우고 2를 남긴 뒤 2의 배수를 모두 지워요. 그다음에 3을 남긴 뒤 3의 배수를 모두 지워요. 그런 다음 4는 이미 지워졌으니 5를 남기고 5의 배수를 모두 지워요. 이런 식으로 지우다 보면 소수만 남게 된답니다. 숫자들을 체로 거르듯 걸러 소수만 쏙 남기는 것이지요.

이 방법을 가장 처음 생각해 낸 사람이 그리스의 수학자 에라토스테네스이기 때문에 사람들은 이것을 '에라토스테네스의 체'라고 불러요.

1	2	3	4	5	6	7	8	9	10
11	12	13	14	15	16	17	18	19	20
21	22	23	24	25	26	27	28	29	30
31	32	33	34	35	36	37	38	39	40
41	42	43	44	45	46	47	48	49	50
51	52	53	54	55	56	57	58	59	60
61	62	63	64	65	66	67	68	69	70
71	72	73	74	75	76	77	78	79	80
81	82	83	84	85	86	87	88	89	90
91	92	93	94	95	96	97	98	99	100

가장 큰 소수는 아무도 몰라요

하지만 에라토스테네스의 체도 일일이 걸러내야 하므로, 소수 중에서도 큰 수를 찾을 때는 많은 시간이 걸렸어요. 수학자들은 소수를 더 쉽게 찾는 방법을 오랫동안 연구했어요. 프랑스의 유명한 수학자 페르마가 소수를 찾는 공식을 발견했지만. 이 공식은 작은 소수에서는 맞는데 큰 소수에서는 맞지 않았어요. 이후에도 소수를 구하는 공식이 만들어졌지만 너무 복잡해서 큰 인기를 얻지 못했어요. 사람들은 컴퓨터를 이용해 아주 큰 소수를 계속해서 발견하고 있어요. 하지만 가장 큰 소수는 아직까지 아무도 모른답니다.

개념 소수

1과 그 수 자신 이외의 자연수로는 나눌 수 없는 자연수를 소수라고 해요. 소수점을 찍는 소수와 글자나 발음은 같지만 뜻은 다르지요.

숲 속에 작은 옹달샘이 있었어요. 어느 달 1일 호랑이, 늑대, 여우, 토끼가 모여 옹달샘을 골고루 이용하기 위해 회의를 했어요. 호랑이는 1일부터 2일째 되는 날마다 샘에 오겠다고 했어요. 늑대는 1일부터 3일째 되는 날마다 샘에 오겠다고 했지요. 그리고 여우는 1일부터 5일째 되는 날마다 샘에 오겠다고 했어요. 그러자 토끼는 고민에 빠졌어요. 잘못하다간 호랑이나 늑대, 여우에게 잡아먹힐지 모르니까요. 토끼가 무사히 옹달샘을 이용하려면 언제 가야 할까요?

① 5일째   ② 6일째   ③ 8일째   ④ 10일째

풀이 • 호랑이는 첫째 날을 기준으로 2의 배수가 되는 날마다 와요. 따라서 호랑이가 오는 날은 1+2의 배수인 날이에요.

• 늑대는 첫째 날을 기준으로 3의 배수가 되는 날마다 와요. 따라서 늑대가 오는 날은 1+3의 배수인 날이에요.

• 여우는 첫째 날을 기준으로 5의 배수가 되는 날마다 와요. 따라서 여우가 오는 날은 1+5의 배수인 날이에요.

따라서 토끼가 안전하게 옹달샘을 이용할 수 있는 날은 2일과 8일, 12일, 14일 등이에요.

일	월	화	수	목	금	토
			1	2	3	4
5	6	7	8	9	10	11
12	13	14	15	16	17	18
19	20	21	22	23	24	25
26	27	28	29	30	31	

답) 3번

자연수는 짝수보다 많을까요?

스핑크스는 왜 답이 틀렸다고 했을까요? 1부터 10까지만 놓고 생각했을 때는 관광객의 답이 맞아요.

1, 2, 3, 4, 5, 6, 7, 8, 9, 10에서 자연수는 1, 2, 3, 4, 5, 6, 7, 8, 9, 10이고 짝수는 2, 4, 5, 6, 8, 10이에요.

이처럼 짝수와 홀수는 자연수 안에서 번갈아 나타나요. 그러니까 일정한 숫자 안에서는 자연수가 짝수나 홀수보다 많을 수 있지요.

짝수: 2로 나누었을 때 나누어떨어지는 수예요.

2, 4, 6, 8, 10……같이 2의 배수로 나타나지요.

홀수: 2의 배수가 아닌 수 또는 2로 나누었을 때 1이 남는 수예요.

1, 3, 5, 7, 9…… 등이 있지요.

하지만 수는 그 끝이 없어요. 아무리 큰 수라도 그보다 하나 더 큰 수를 쓸 수 있으니까요. 짝수도 마찬가지예요. 수가 끝이 없듯이 짝수도 끝없이 늘어날 수 있어요.

자연수: 1, 2, 3, 4, 5, 6……

짝수: 2, 4, 6, 8, 10, 12……

그러니까 자연수도 짝수도 그 수를 셀 수 없어요. 따라서 전체 수를 놓고 볼 때 자연수가 짝수보다 더 많다고 할 수는 없답니다.

 0은 짝수? 홀수?

짝수는 서로 짝을 지었을 때 남는 것이 없어야 해요. 그렇다면 아무것도 없음을 나타내는 수인 0은 짝수일까요, 홀수일까요? 짝수는 2의 배수이지요. 2×1=2, 2×2=4에서 2와 4가 짝수인 것처럼 2×0=0으로 0도 2의 배수이니까 0도 짝수랍니다.

오늘이 3일 수요일이면 다음다음 주 수요일은 며칠일까요?

일주일은 월, 화, 수, 목, 금, 토, 일 모두 7일이에요. 그래서 7일마다 같은 요일이 되돌아오지요. 즉, 7의 배수로 같은 요일이 돌아와요. 오늘이 수요일 이면 다음 주 수요일은 7×1=7이니까 7일 뒤에, 다음다음 주 수요일은 7× 2=14이니까 14일 뒤에 돌아오지요.

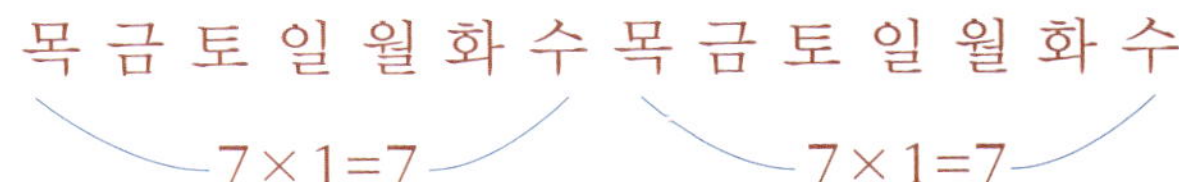

오늘 날짜가 3일이라면 다음 주 수요일은 3일에 7을 더한 10일이 되고, 다음다음 주 수요일은 3일에 14일을 더한 17일이 되지요. 이렇게 오늘 날짜와 요일을 알고 있다면 다른 날짜의 요일도 쉽게 계산할 수 있어요. 여러분도 달력을 놓고 다른 요일의 날짜를 계산해 보세요.

 배수의 재미있는 성질

수학자들은 각 수의 배수를 구하고 연구하면서 재미있는 성질을 발견했어요. 쉬운 것 몇 가지만 알아볼까요?

- 2의 배수 끝자리 수는 언제나 짝수예요.

  2, 4, 6, 8, 10, 12, 14, 16, 18……

- 3의 배수는 각 자릿수를 더해서 나오는 값이 3의 배수예요.

  3, 6, 9, 12, 15, 18, 21……

  예) 18 → 1+8=9, 21 → 2+1=3으로 9와 3은 3의 배수이지요.

- 5의 배수는 끝자리가 언제나 0 또는 5르 끝나요.

  5, 10, 15, 20, 25, 30……

- 9의 배수는 각 자릿수를 더하면 9가 되어요.

  9, 18, 27, 36, 45……

  예) 18 → 1+8=9   27 → 2+7=9   36 → 3+6=9   45 → 4+5=9

과자는 왜 12개가 한 묶음일까요?

과자나 도넛 등은 12개가 한 묶음으로 포장되어 있는 경우가 많아요. 이렇게 한 묶음이 12개로 포장된 것은 여러 사람이 똑같이 나누어 갖기에 좋아요. 왜 그런지는 12의 약수를 생각해 보면 쉽게 알 수 있지요.

앞에서 약수는 어떤 수를 나누어떨어지게 하는 수라고 했지요? 12의 약수는 1, 2, 3, 4, 6, 12예요. 그러니까 12개짜리 한 묶음은 2명, 3명, 4명, 6명이 나누어도 모두 똑같이 사이좋게 나눌 수 있어요.

하지만 10개짜리 묶음은 2명이나 5명이 나눌 때는 나머지가 남지 않지만 3명이나 4명이 나눌 때는 나머지가 남아요. 10의 약수는 1, 2, 5, 10이기 때문이지요.

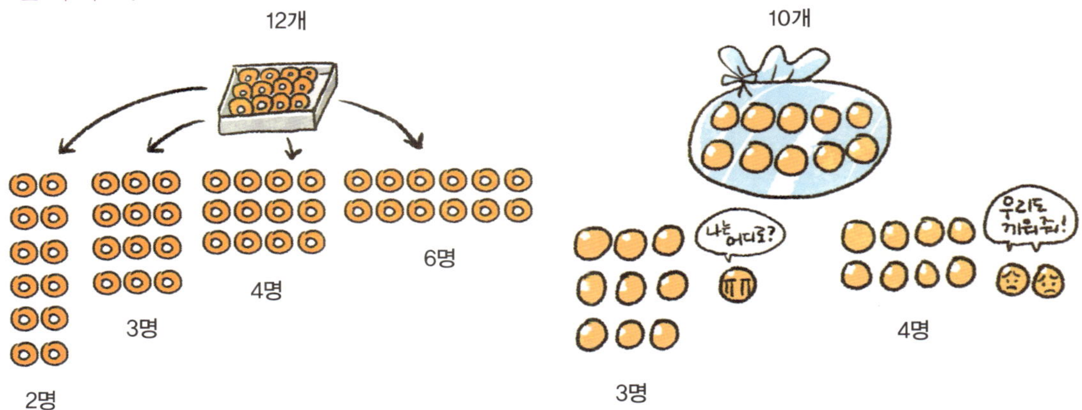

끝없는 배수, 정해져 있는 약수

숫자가 끊임없이 이어지기 때문에 배수는 끝이 없어요. 그래서 공통의 배수도 아주 많아요. 하지만 약수는 숫자마다 가수가 정해져 있어요. 그리고 모든 수의 약수에는 언제나 1과 자기 자신이 포함된답니다.

예) 6의 약수: 1, 2, 3, 6　　8의 약수: 1, 2, 4, 8

누가 더 부자일까요?

내가 더 부자니까 점심값은 내가 내겠네.
글쎄, 내가 더 부자라니까!
옥신
각신
아무나 빨리 내시지, 왜 이렇게 싸우세요?
나한테 3만 원이 있는데 저 친구가 2만 원을 빌려 갔소. 그러니 내가 부자요.
그렇지요.
MENU
CAFE
그렇지간 나한테는 지금 2만 원이 있는데 저 친구한테는 1만 원밖에 없으니 내가 더 부자요.
둘 다 맞는 것 같네. 아이고, 헷갈려.
그냥 아무나 계산을…

현재 바보가 1만 원, 더바보가 2만 원을 가지고 있으니까 얼핏 생각하면 더바보가 더 부자인 것 같지요. 하지만 자세히 생각해 보면 바보가 가진 돈은 자기 것이지만 더바보가 가진 것은 바보에게 빌린 돈이므로 빚이에요. 그러니까 바보가 더 부자이지요. 이때 빚 2만 원은 −2만 원처럼 음수로 표시할 수 있어요. 이처럼 사람들은 처음 음수를 쓸 때 양수는 재산으로, 음수는 빚으로 생각했어요.

사실 0보다 작은 수인 음수라는 개념이 처음 나왔을 때는 많은 사람이 이해하지 못했어요. 0은 아무것도 없는 것을 나타내는데, 아무것도 없는 것보다 더 작은 게 있다는 것을 이해할 수 없었거든요. 아무것도 없는데 −1개, −2개 하고 말하는 것이 이상했던 거예요. 하지만 음수를 빚의 개념으로 생각하면서 사람들은 음수를 이해할 수 있게 되었답니다.

상식 중국에서 오래전부터 사용한 음수

유럽에서는 음수가 널리 사용된 것이 그리 오래되지 않았어요. 하지만 중국에서는 아주 오래전부터 음수를 사용했답니다. 중국의 옛날 수학 책에 기록된 것으로 보았을 때 지금으로부터 약 2000여 년 전부터 음수를 사용한 것으로 보여요. 중국에서는 계산할 때 '산목'이라고 하는 긴 나무 조각을 사용했는데, 양수와 음수를 다른 색으로 표시했다그 해요.

빚에 빚을 곱하면 재산이 된다고요?

음수를 계산할 때는 법칙이 있어요. 양수와 음수를 곱하면 음수가 되고, 음수와 음수를 곱하면 양수가 되는 법칙이지요. 그러니까 음수를 빚, 양수를 재산이라고 생각하면 만화처럼 '빚×빚=재산'이 되는 이상한 결과가 나와요. 이것은 음수를 빚에 빗대어 설명하면서 생긴 오해였답니다.

사실 빚은 처음에 음수를 쉽게 설명하기 위해 사용한 것일 뿐, 음수의 정확한 의미는 아니에요. 음수를 좀 더 정확히 이해하려면 기준점에서 출발하는 사람을 생각하면 돼요. 기준점을 0이라고 생각하고 앞으로 가는 방향을 양수, 뒤로 가는 방향을 음수라고 생각해 보세요. 그러면 $(-2) \times (-1) = 2$의 경우 $-$는 방향을 반대로 가는 것이니까, 뒤로 2만큼 간 다음에 다시 방향을 그만큼 반대로 돌려 놓은 것으로 생각할 수 있지요.

 데카르트의 수직선

이렇게 음수의 개념이 헷갈리는 것을 정리하기 위해 수학자 데카르트는 수직선 위에 자연수와 0 그리고 음수를 표시했어요. 이때 0은 '없음'이 아니라 기준점으로 생각하고, 양수는 오른쪽 방향으로, 음수는 왼쪽 방향으로 생각하면 되지요.

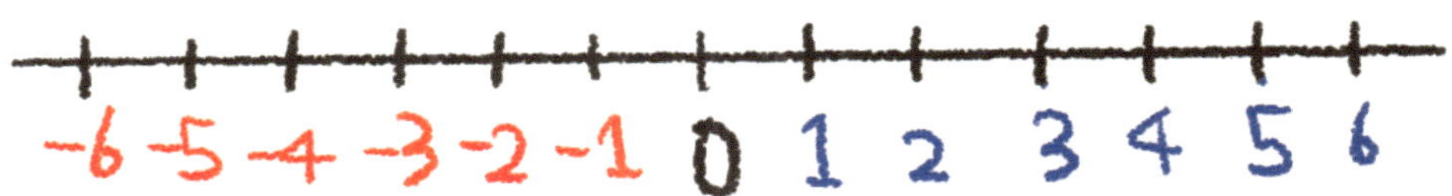

2 연산

모든 것은 서로 더할 수 있을까요?

곱셈이 없다면 어떻게 될까요?

1부터 100까지 자연수의 합은 어떻게 구할까요?

옛날에는 구구단을 거꾸로 외웠다고요?

답이 없는 계산도 있을까요?

누구의 답이 맞을까요?

인도의 왕이 주어야 했던 밀알의 개수는 몇 개일까요?

옛날 이집트 사람들은 분수 문제를 어떻게 풀었을까요?

내가 먹은 피자는 모두 얼마나 될까요?

디오판토스는 몇 살까지 살았을까요?

분수의 나눗셈은 왜 뒤집어서 곱할까요?

소수는 왜 생겨났을까요?

모든 것은 서로 더할 수 있을까요?

  덧셈을 할 때는 더하는 순서를 바꾸어도 괜찮아요. 2+3을 하든 3+2를 하
든 순서와 상관없이 답은 5로 같으니까요. 그런데 다음과 같은 경우의 덧셈
은 어떻게 해야 할까요? 강아지 2마리와 연필 3자루를 더한다고 생
각해 보세요. 2+3으로 답은 5가 나오겠지만 이것은 강아
지 5마리라고 할 수도 없고, 연필
5자루라고 할 수도 없지요.

  또 더할 수 없는 양은 덧셈으로
계산할 수 없어요. 우유 200mL에
200mL를 더하면 400mL가 되지요. 이것은 더할 수 있는 양이에요. 하지만
쌀 반 컵에 콩 반 컵을 더하면 한 컵이 되지 않아요. 쌀 반 컵과 콩 반 컵을 합
치면, 콩 사이의 빈 공간을 쌀이 채우면서 한 컵이 되지 않고 약간 모자라게
되거든요. 이런 경우엔 수학적으로 그 무게를 이용해 덧셈을 한답니다.

더할 수 있는 것과 더할 수 없는 것

  • 더할 수 있는 것: 무게는 더할 수 있어요. 1kg에 2kg을 더하면 3kg이 되
지요.

  • 더할 수 없는 것: 온도는 더할 수 없어요. 90℃의 물과 10℃의 물을 섞는
다고 해서 100℃의 물이 되지는 않으니까요. 따뜻한 물에 차가운 물이 섞여
오히려 온도가 내려가지요.

곱셈이 없다면 어떻게 될까요?

사실 덧셈과 곱셈의 개념은 같아요. 2를 3번 더할 때는 2+2+2라고 쓰고 답은 6이에요. 이것을 곱셈으로 나타내면 2×3이라고 쓰고 답은 똑같이 6이지요.

그렇다면 사람들은 왜 곱셈의 개념을 만들었을까요? 그 이유는 식을 간단하게 쓰고 계산을 빠르게 하기 위해서랍니다. 만화의 만두 가게 주인이 곱셈을 사용하지 않는다면, 그날 팔린 만두를 식으로 쓰고 계산할 때 2를 386번이나 쓰고 더해야 하지요.

$$2+2+2+2+2+2+2+2+2+2+2+2+2+2+2+2+2+2+2+2+2\cdots+2$$
386개

하지만 곱셈을 이용하면 2×386이라고 간단하게 식을 쓸 수 있어요. 또 계산을 할 때도 일일이 더하지 않고 곱셈식을 이용하면 답을 더 빨리 구할 수 있지요. 그러니까 곱셈은 복잡한 덧셈을 간단하게 표시하고 계산할 수 있도록 도와주는 거라고 할 수 있어요.

계산을 빠르게 해 주는 곱셈 방법

곱셈 계산을 할 때 조금만 생각하면 빠르게 계산할 수 있어요. 237×2를 계산해 볼까요? 237×2=(200+30+7)×2이므로 (200×2)+(30×2)+(7×2)처럼 자릿수별로 따로따로 생각하면 편리해요. 즉, 400+60+14=474로 보다 빠르게 계산할 수 있지요.

1부터 100까지 자연수의 합은 어떻게 구할까요?

많은 수의 덧셈을 빠르게 계산해 선생님을 깜짝 놀라게 한 학생은 바로 나중에 유명한 수학자가 된 가우스였어요. 가우스는 어떻게 그렇게 빨리 덧셈 계산을 끝냈을까요?

1부터 100까지 자연수를 차례대로 더할 때 다른 학생들은 모두 순서대로 하나씩 더해 갔어요. 하지만 가우스는 덧셈 계산을 꼭 차례대로 할 필요가 없다고 생각했어요. 그래서 계산하기 편리하도록 숫자를 2개씩 짝 지어 더했지요. 1과 100, 2와 99, 3과 98, 4와 97……. 이렇게 앞의 숫자와 뒤의 숫자를 짝 지어 더하면 그 합은 각각 101이 되지요. 그리고 그 쌍은 모두 100개가 되고요. 101×100=10100이고 이것을 2로 나누면 5050이 나오지요. 이렇게 해서 가우스는 답을 금방 구할 수 있었던 거예요.

$$\left. \begin{array}{l} 1 + 2 + 3 + 4 + 5 + \cdots\cdots + 97 + 98 + 99 + 100 \\ +\ 100 + 99 + 98 + 97 + 96 + \cdots\cdots + 4 + 3 + 2 + 1 \\ \hline 101 + 101 + 101 + 101 + 101 + \cdots\cdots + 101 + 101 + 101 + 101 \end{array} \right\} \div 2$$

덧셈 계산을 할 때는 순서가 바뀌어도 상관없어요. 여러 숫자를 더할 때는 계산하기 편하게 순서를 바꾸거나 짝을 지어 더하면 쉽게 계산할 수 있지요.

상식 · 덧셈이 쉬운 등차수열

1부터 100까지의 자연수처럼 숫자를 나란히 늘어놓은 것을 '수열'이라고 해요. 수열 중에서도 수가 늘어나는 차이가 일정한 것을 '등차수열'이라고 하지요. 1부터 100까지의 자연수는 숫자들의 차이가 꼭 1씩 늘어나는 등차수열이에요. 2, 4, 6, 8, 10과 같은 수열도 꼭 2씩 늘어나니까 등차수열이라고 할 수 있어요. 가우스가 계산한 것처럼 등차수열의 덧셈은 수의 규칙을 이용해 쉽게 계산할 수 있답니다.

옛날에는 구구단을 거꾸로 외웠다고요?

구구단은 중국에서 만들어져 고려 시대 무렵 우리나라에 들어왔어요. 그런데 중국과 우리나라에서 구구단을 외울 때 처음에는 '이일은 이, 이이는 사……' 하고 2단부터 외우지 않고, 9단부터 거꾸로 외웠다고 해요. 그 이유는 구구단이 특수한 사람들만 배우는 것이었고, 지금처럼 어린이가 아니라 어른이 배우는 것이었기 때문이에요.

수학을 배우고 계산을 하는 계층 사람들은 이것을 자신들만이 가진 능력으로 보이게 하려고 일부러 구구단을 거꾸로 외웠어요. 보통 사람들이 어렵게 느끼도록 말이에요. 그래서 구구단은 '이일단'이 아니라 '구구단'이라고 불리게 된 거예요. 그러다가 700여 년 전 원나라 때부터 구구단을 앞에서부터 외우기 시작했답니다.

그런데 우리나라나 중국과 같은 동양에서는 구구단을 외우지만 인도의 초등학생은 십구단(19×19)을 외워요. 1부터 19까지의 숫자에 1부터 19까지의 숫자를 곱한 답을 외우는 것이지요. 하지만 구구단을 응용하면 충분히 큰 수의 곱셈을 할 수 있기 때문에 굳이 19단까지 외울 필요는 없어요.

 ## 구구단에 숨은 규칙

구구단이 잘 외워지지 않을 때는 구구단 속에 숨어 있는 규칙을 생각하면 도움이 돼요. 우리가 0단과 1단을 외우지 않는 이유는 어떤 수든 0을 곱하면 0이 되고, 1을 곱하면 자기 자신이 되므로 외울 필요가 없기 때문이지요. 또 2단은 2배씩 짝수로 커지고, 5단은 5, 10, 15, 20……으로 5씩 커지며 끝이 모두 5나 0으로 끝나요. 그리고 구구단은 6단은 6씩, 7단은 7씩 커지니까 구구단을 외우다가 중간에 잠시 잊었을 때는 바로 앞의 수에 외우는 단의 수를 더하면 된답니다.

답이 없는 계산도 있을까요?

답이 없는 계산도 있을까요? 네, 있어요. 바로 다른 숫자를 0으로 나누는 계산이에요. 0은 가장 늦게 생겨났지만 가장 독특한 숫자예요. 이것은 계산을 할 때도 마찬가지이지요.

어떤 수에 0을 더하거나 빼도 답은 그 수가 그대로 나와요. 왜냐하면 0은 아무것도 없는 수이니까, 0을 더하거나 뺀다는 것은 결국 아무것도 더하거나 빼지 않은 셈이 되거든요.

$$2+0=2 \quad 3+0=3 \quad \rightarrow \quad \square + 0 = \square$$
$$4-0=4 \quad 5-0=5 \quad \rightarrow \quad \square - 0 = \square$$

곱셈에서는 더욱 신기해요. 어떤 수든 0을 곱하면 모두 0이 되어 버려요. 2×3은 2를 3번 더하라는 뜻과 같아요. 마찬가지로 2×0은 2를 0번 더하라는 뜻이므로, 결국 한 번도 더하지 않은 셈이 되어 답은 0이 되는 거예요. 아무리 큰 수라고 해도 마찬가지이지요.

$$2\times0=0 \quad 37384756\times0=0 \quad \rightarrow \quad \square \times 0 = 0$$

그런데 나눗셈만은 문제가 있어요. 0으로 나누면 아무것도 나누지 않은 셈이 되니 답을 6으로 하면 될까요? 아니에요.

6÷2=3이지요. 이것은 반대로 2×3=6이라는 뜻이에요. 그런데 6÷0=6이라면 0×6=6이어야 하는데 0×6=0이에요. 어떤 숫자를 넣어 보아도 마찬가지이지요. 또 반대로 답을 0으로 놓고 생각해도 말이 되지 않아요.

그래서 사람들은 '어떤 수를 0으로 나눌 수는 없다'라고 정했어요. 따라서 □÷0 과 같은 문제, 즉 어떤 수를 0으로 나눈 문제는 답을 쓸 수 없답니다.

사칙 연산

덧셈, 뺄셈, 곱셈, 나눗셈을 이용해서 하는 셈을 사칙 연산이라고 해요.

연산

누구의 답이 맞을까요?

학교 다녀왔습니다.
오늘 숙제는 뭐야?
덧셈, 뺄셈, 곱셈, 나눗셈이 다 있는 복잡한 문제예요.
얼른 숙제를 끝내고 간식 먹자.
잠시 후
엄마, 숙제 다 끝냈어요.
어머, 둘이 답이 다르네?
사실 간식 빨리 먹으려고 계산기로 풀었어요. 그러니까 제 답이 맞을 거예요.
형에겐 미안하지만.
엄마가 계산해 보니 형 답이 맞는데?
어떻게 된 거지? 계산기가 고장 났나?
쌤통이다!

덧셈, 뺄셈, 곱셈, 나눗셈 등이 섞여 있는 복잡한 계산을 할 때는 정해진 계산 순서를 따라야 해요. 만약 이 순서를 지키지 않고 앞에서부터 계산하면 전혀 다른 답이 나올 수도 있어요.

계산기는 입력한 순서대로 계산하는 기계예요. 따라서 동생이 계산기로 문제를 풀 때 순서를 지켜 계산하지 않았다면 틀린 답이 나올 수 있어요.

그렇다면 아래와 같이 복잡한 계산은 어떤 순서로 해야 할까요?

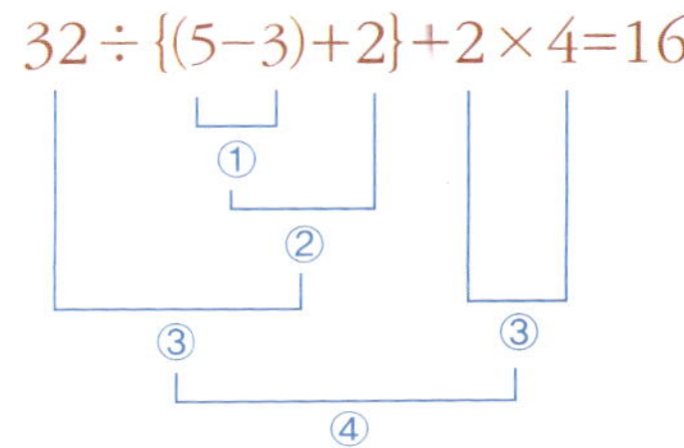

① 소괄호 안을 먼저 계산해요. (5−3)=2

② 중괄호가 있으면 중괄호 안을 계산해요. {2+2}=4

③ 곱셈과 나눗셈을 먼저 계산해요. 32÷4+2×4

④ 나머지 덧셈을 계산해요. 8+8=16

상식 계산 순서를 지켜요

• 덧셈만 있는 식 또는 곱셈만 있는 식: 순서를 바꾸어서 계산해도 상관없어요.

• 뺄셈만 있는 식 또는 나눗셈만 있는 식: 앞에서부터 차례대로 계산해요.

• 덧셈과 뺄셈이 섞여 있는 식 또는 곱셈과 나눗셈이 섞여 있는 식: 앞에서부터 차례대로 계산해야 해요.

• 괄호가 있는 식은 소괄호( ), 중괄호{ }, 대괄호[ ] 순으로 먼저 계산해요.

인도의 왕이 주어야 했던
밀알의 개수는 몇 개일까요?

왕이 세타에게 주어야 했던 밀알의 개수는 모두 얼마나 될까요? 무려 18446744073709551615개나 되는 어마어마한 숫자랍니다. 1844경 6744조 737억 955만 1615라고 읽지요. 이것은 계산기가 아니라 컴퓨터의 도움이 필요할 만큼 복잡한 계산이에요. 세타가 말한 것을 생각해 보면 다음과 같아요.

첫 번째 칸은 1알

두 번째 칸은 첫 번째 칸의 2배이므로, $1 \times 2 = 2$알

세 번째 칸은 두 번째 칸의 2배이므로, $2 \times 2 = 4$알

네 번째 칸은 세 번째 칸의 2배이므로, $4 \times 2 = 8$알

다섯 번째 칸은 네 번째 칸의 2배이므로, $8 \times 2 = 16$알

여섯 번째 칸은 다섯 번째 칸의 2배이므로, $16 \times 2 = 32$알

이렇게 반복하다 보면 34번째 칸에서는 8589934592라는 큰 숫자가 나와요. 이렇게 64번째 칸까지 계산해서 모두 더하면 앞에서 말한 것처럼 어마어마하게 큰 숫자가 나오게 되는 거랍니다.

상식 같은 수를 여러 번 곱하는 거듭제곱

세타는 각 칸마다 2를 곱하고 그것을 모두 더하게 했어요. 이처럼 같은 수를 여러 번 곱하는 것을 '거듭제곱'이라고 해요. 두 번 곱한 것은 두제곱, 세 번 곱한 것은 세제곱이라고 하지요. 2를 두제곱한 것은 2^2, 2를 세제곱한 것은 2^3과 같이 쓰기도 해요. 2에 3을 곱한 것과 2를 세제곱하는 것은 아주 달라요. 2에 3을 곱한 것은 $2 \times 3 = 6$이지만 2를 세제곱한 것은 $2 \times 2 \times 2 = 2^3 = 8$이 되지요. 세타가 요구한 것처럼 이렇게 계산하면 양이 조금씩 늘어나는 게 아니라 뒤로 갈수록 어마어마하게 불어난답니다.

옛날 이집트 사람들은 분수 문제를 어떻게 풀었을까요?

분수는 사람들이 무언가를 똑같이 나누려고 하면서 시작되었어요. 이집트 사람들도 마찬가지였지요. 만화의 문제는 고대 이집트의 수학 책에 나온 문제예요.

빵 2개를 5명이 똑같이 나누려면 먼저 빵 1개를 5조각으로 나누어요. 그러면 한 조각은 $\frac{1}{5}$이 되지요. 나머지 빵도 똑같이 나누어요. 그리고 5명이 2조각씩 먹으면 돼요.

$$2 \div 5 = \frac{1}{5} + \frac{1}{5} = \frac{2}{5}$$

하지만 이집트 사람들의 답은 $2 \div 5 = \frac{1}{3} + \frac{1}{15}$이었답니다. 이집트 사람들은 먼저 빵 1개를 3조각으로 잘랐어요. 그러면 빵이 모두 2개니까 6조각이 되겠지요.

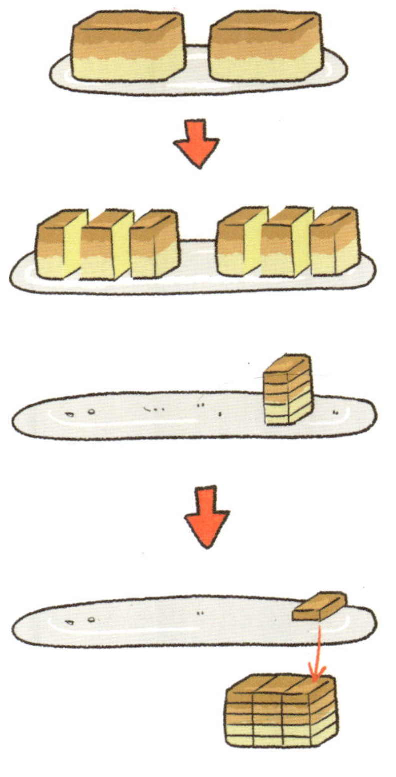

그리고 5명이 1조각씩 먼저 먹는 거예요. 그러면 한 사람이 먹은 양은 $\frac{1}{3}$이 되지요.

그리고 남은 1조각을 다시 똑같이 5조각으로 잘라요. 그러면 이것은 전체 빵의 $\frac{1}{15}$조각이 되지요. 이것을 또 1조각씩 먹으면 모두 똑같이 나누어 먹은 셈이 된답니다. 그러니까 한 사람이 먹은 것은 $\frac{1}{3} + \frac{1}{15}$이 되는 거예요.

이처럼 이집트 사람들은 분자가 1인 분수를 주로 사용했어요.

 분수의 크기

분자가 1인 분수들은 밑의 분모에 있는 숫자가 작을수록 값이 더 커요.

내가 먹은 피자는
모두 얼마나 될까요?

4조각으로 나누어진 피자는 분수로 표현할 수 있어요. 4조각으로 나누어진 것 중에 1조각은 $\frac{1}{4}$이지요. 그런데 5조각을 먹었다면 $\frac{5}{4}$ 조각이 되어요.

하지만 이렇게 표현하면 피자를 얼마나 먹었는지 확실히 구분되지 않아요. 조각 피자를 합해 보면 얼마나 먹었는지 정확히 알 수 있지요.

이렇게 생각해 보면 먹은 피자는 모두 1판과 $\frac{1}{4}$ 조각이라는 것을 알 수 있어요. 이것은 분수로 $1\frac{1}{4}$이라고 나타내요. 그러니까 먹은 피자의 양은 분수로는 $\frac{5}{4}$ 또는 $1\frac{1}{4}$이라고 쓸 수 있어요.

상식 음악 속 분수

분수는 음악 속에서도 찾아볼 수 있어요. 음표는 음의 길이를 나타내는데 온음표를 1이라고 할 때, 2분음표는 $\frac{1}{2}$, 4분음표는 $\frac{1}{4}$, 8분음표는 $\frac{1}{8}$, 16분음표는 $\frac{1}{16}$의 길이만큼 음을 내는 거라고 할 수 있지요.

온음표	○		1
2분음표	♩		$\frac{1}{2}$
4분음표	♩		$\frac{1}{4}$
8분음표	♪		$\frac{1}{8}$
16분음표	♬		$\frac{1}{16}$

디오판토스는 몇 살까지 살았을까요?

위대한 수학자 디오판토스 여기 잠들다. 그는 일생의 $\frac{1}{6}$은 소년이었고, 그로부터 $\frac{1}{12}$이 지나 수염이 났으며, 다시 $\frac{1}{7}$이 지나 결혼을 했다. 결혼한 지 5년 뒤에 아들을 낳았지만 불행하게도 아들은 아버지 나이의 $\frac{1}{2}$밖에 살지 못했다. 아들이 죽고 4년 뒤에 디오판토스는 일생을 마쳤다.

디오판토스는 고대 그리스의 유명한 수학자예요. 그는 죽어서도 자신의 묘비에 수학 문제를 남겨 놓았답니다. 디오판토스가 언제 태어나 언제 죽었는지는 알 수 없지만, 묘비의 문제를 풀면 몇 살까지 살았는지 알 수 있어요.

이 문제에는 $\frac{1}{6}$, $\frac{1}{12}$, $\frac{1}{7}$, $\frac{1}{2}$ 과 같이 분모가 다른 여러 분수가 나와요. 분수를 계산할 때는 분모를 똑같이 통일시키는 '통분'을 해 주어야 해요. 위의 분수들을 통분하면 $\frac{14}{84}$, $\frac{7}{84}$, $\frac{12}{84}$, $\frac{42}{84}$ 예요.

통분한 분수들을 84개의 칸을 그려 그림으로 표현하면 다음과 같아요.

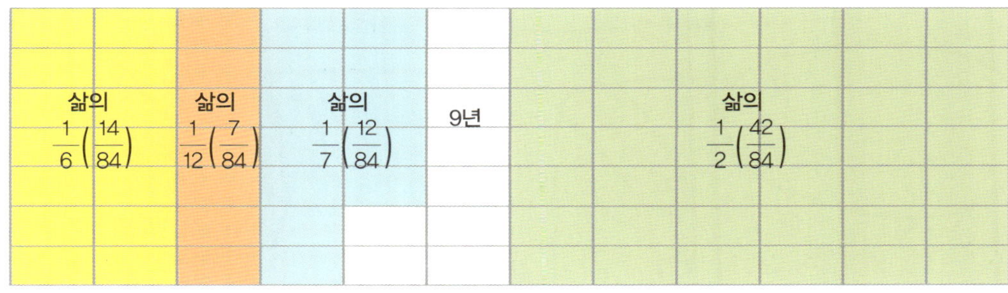

흰색 칸을 보면 9년이 9칸이므로, 1칸이 1년을 나타낸다는 것을 알 수 있어요. 따라서 디오판토스는 84년, 즉 84살까지 살았다는 것을 알 수 있지요.

 통분할 때는 최소공배수를 이용해요

통분을 할 때는 분모 자리에 있는 숫자들의 최소공배수를 찾아 분모 자리에 놓아요. 그리고 통분하기 위해 분모에 곱한 수를 각각의 분자에도 곱해 주면 되지요.

$$\frac{1\times14}{6\times14}=\frac{14}{84} \qquad \frac{1\times7}{12\times7}=\frac{7}{84} \qquad \frac{1\times12}{7\times12}=\frac{12}{84} \qquad \frac{1\times42}{2\times42}=\frac{42}{84}$$

분수의 나눗셈은 왜 뒤집어서 곱할까요?

나눗셈과 곱셈은 표현은 다르지만 같다고 볼 수 있어요. 마치 거울로 내 모습을 보면 얼굴은 똑같지만 방향이 바뀌는 것처럼 말이에요. 그래서 보통 나눗셈을 할 때는 곱셈으로 바꾸어 생각하지요. 4÷2를 '2에 얼마를 곱하면 4가 나올까?' 하고 생각하는 것처럼 말이에요.

• 4÷2=2 ⇨ 빵 4개를 2로 나누면 2묶음이 돼요.

• 2×2=4 ⇨ 빵 2개씩 2묶음이 있으면 4개가 돼요.

분수의 나눗셈도 계산하기 쉽게 곱셈으로 바꾸어 계산하지요.

$$\frac{2}{3} \div \frac{3}{4}$$

$= \frac{2}{3} \div \frac{3}{4} \times 1$ ($\frac{3}{4}$에 1을 곱해도 답은 같아요.)

$= \frac{2}{3} \div \frac{3}{4} \times \frac{3}{4} \times \frac{4}{3}$ (1을 $\frac{3}{4} \times \frac{4}{3}$으로 바꾸었어요. $\frac{3}{4} \times \frac{4}{3}$을 계산하면 1과 같아요.)

$= \frac{2}{3} \times 1 \times \frac{4}{3}$ (어떤 수에 같은 수를 나누기한 뒤 곱하기를 하면 1이 되어요.)

$= \frac{2}{3} \times \frac{4}{3}$ (어떤 수든 1을 곱하면 자기 자신이 되니 1을 곱하지 않아도 답은 같아요.)

결국 $\frac{2}{3} \div \frac{3}{4}$은 $\frac{2}{3} \times \frac{4}{3}$와 같아요. 그러니까 분수의 나눗셈은 나누는 수의 분자와 분모를 바꾼 뒤 곱해 구하면 된답니다.

상식 역수가 뭐예요?

분자와 분모를 바꾸어 곱하는 것을 '역수를 곱한다'고 해요. 역수는 서로 곱했을 때 답이 1이 되는 두 수를 각각 서로에 대해 가리키는 말이에요.

예) $5 \times \frac{1}{5} = 1$에서 5는 $\frac{1}{5}$의 역수이고, $\frac{1}{5}$은 5의 역수예요.

소수는 왜 생겨났을까요?

연산

분수를 소수로 바꾸는 문제를 많이 틀리는구나.
너무 어려워요.
누가 왜 소수를 만들었어요?
우리를 골탕 먹이려고 만든 게 틀림없어.
그 반대야. 소수는 분수를 쉽게 계산하려고 만들어졌단다.
정말이요?
그럴 리가 없어요!
이런게나 어려운데요?

소수는 이자 계산 때문에 생겨난 수예요. 약 400여 년 전에 네덜란드는 스페인으로부터 독립하기 위해 전쟁을 했어요. 전쟁을 하려면 많은 돈이 필요했기 때문에 군대는 여기저기서 돈을 빌려 쓰고 이자를 내야 했어요. 그런데 이 일을 맡은 스테빈이라는 장교는 복잡한 이자 계산 때문에 골치가 아팠어요. 1000원을 빌렸을 때 이자가 $\frac{1}{10}$이면 이자가 100원이니 복잡하지 않았어요. 하지만 1000원을 빌렸을 때 이자가 $\frac{1}{11}$이면 계산하기가 어려웠지요. 그래서 분모를 계산하기 쉽게 10, 100, 1000 등으로 바꾸었어요. $\frac{1}{11}$(=0.0909……)은 거의 $\frac{91}{1000}$(=0.091)과 비슷하니까, 이렇게 계산하면 1000원을 빌렸을 때 이자를 91원 내면 되었지요.

그리고 스테빈은 $\frac{1}{10}$을 1①(지금의 0.1과 같음)로, $\frac{1}{100}$을 1②(지금의 0.01)로 그리고 $\frac{1}{1000}$을 1③(지금의 0.001)과 같은 방식으로 나타냈어요. 그러면 이자가 $\frac{34}{100}$와 $\frac{234}{1000}$라고 할 때 다음과 같이 쓸 수 있지요.

$$\frac{34}{100}=3①4②=0.34 \qquad \frac{234}{1000}=2①3②4③=0.234$$

지금과 모양은 조금 다르지만 이것이 옛날 소수의 모습이에요. 이처럼 소수는 분수로 된 복잡한 이자 계산을 간단히 하려다가 만들어졌답니다.

상식 소수의 쓰임새

소수는 분수가 생긴 지 3000년이 지난 뒤에야 나왔어요. 그리고 지금과 같은 모양이 된 것은 1617년 네이피어라는 수학자가 사용하기 시작하면서부터예요. 분수는 물건을 정확히 나눌 때 편리하고, 소수는 키나 몸무게처럼 양이나 길이를 정확히 잴 때 편리해요.

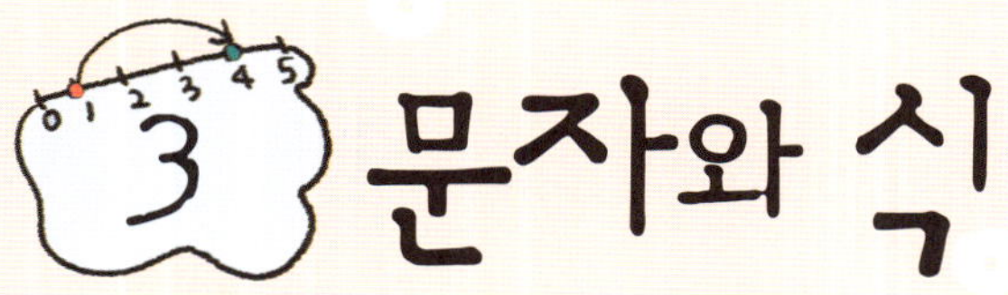 3 문자와 식

수학 기호들은 누가 만들었을까요?

키가 120cm인 아이는 왜 놀이 기구를 탈 수 없을까요?

체중계의 눈금은 왜 바뀌지 않을까요?

숫자 삼각형에는 어떤 규칙이 숨어 있을까요?

모르는 것을 x라고 한 사람은 누구일까요?

누가 더 많이 먹었을까요?

개미는 왜 손해를 보았을까요?

비너스가 아름다운 이유는 무엇일까요?

숲 속의 나무는 모두 몇 그루일까요?

자연 속에 숫자의 규칙이 숨어 있다고요?

파리의 정확한 위치는 어떻게 나타내야 할까요?

수학 기호들은 누가 만들었을까요?

수학에는 여러 가지 기호가 나와요. 그중에서 가장 먼저 배우고 많이 쓰게 되는 것이 +, −, ×, ÷ 같은 연산 기호들이지요. 기호가 없을 때는 문제를 일일이 긴 문장으로 써야 했어요. 복잡한 문제일수록 문장도 길어졌지요. 수학은 계산을 쉽고 간편하게 하기 위해 발전한 학문이에요. 그래서 복잡한 문장을 간단하게 표시하기 위해 사람들은 기호를 만들어 쓰기 시작했지요.

+는 앞, 뒤의 두 수를 더하라는 뜻이고, −는 앞의 수에서 뒤의 수를 빼라는 뜻이에요. 이 두 기호는 1489년에 독일의 비트만이라는 사람이 자기가 쓴 책에 사용하면서 만들어졌어요. +는 '~와'라는 뜻의 라틴어 et를 빨리 쓰던 것이 바뀌어 만들어진 모양이에요. −도 '모자라다, 빼다'라는 뜻의 라틴어 minus의 m을 빨리 쓰던 것이 바뀌어 만들어진 모양이지요.

×는 1631년 영국의 윌리엄 오트레드가 《수학의 열쇠》라는 책에서 처음으로 썼는데, 스코틀랜드 국기의 십자 모양을 본떠서 만들었다고 해요.

÷는 1659년 스위스의 요한 하인리히 탄의 수학 책에 처음 쓰인 후 널리 사용되었어요. 선의 위아래로 분모와 분자가 있는 분수의 모양을 본떠 만들어졌답니다. 이렇게 하나씩 만들어진 수학 기호들은 지금은 전 세계에서 공통으로 사용되고 있어요. 수학 기호는 세계 공통의 언어라고 할 수 있지요.

상식 +와 −의 다른 의미

덧셈, 뺄셈에 사용하는 +, −와 양수와 음수를 나타낼 때 쓰는 +와 −는 헷갈리지 않도록 해야 해요. 숫자들 사이에 쓰이는 것은 덧셈과 뺄셈부호이고, 숫자 바로 앞에 붙어 있는 것은 양수나 음수를 나타내는 거예요. 음수만 −를 붙여 표시해요.

예) 3+2=5(+: 덧셈부호)

　　3+(−2)=1(+: 덧셈부호, −: 음수)

키가 120cm인 아이는 왜 놀이 기구를 탈 수 없을까요?

‘이하’는 기준이 되는 어떤 수를 포함해서 그보다 작은 수를 말해요. 따라서 130 이하라고 하면 130을 포함해서 129, 129.5, 128 등 그보다 작은 수들을 말하는 거예요. 그래서 키가 120cm였던 아이는 놀이 기구를 탈 수 없었던 거예요. 만약 반대로 120cm 이상만 탈 수 있다고 했으면 어땠을까요? ‘이상’은 기준이 되는 수를 포함해서 그보다 큰 수를 말하니까 120cm인 꼬마는 당연히 놀이 기구를 탈 수 있었겠지요?

이와 비슷하지만 다른 개념으로는 ‘초과’와 ‘미만’이 있어요. ‘초과’는 기준이 되는 수를 포함하지 않은 그보다 큰 수예요. ‘관람객의 수가 200명을 초과했다’라고 하면 200명보다 많다는 뜻이에요. 반대로 ‘미만’은 기준이 되는 수를 포함하지 않은 그보다 작은 수예요. 3 미만이라고 하면 3은 포함되지 않아요.

이런 표현들은 일정한 수를 나타내는 것이 아니라 수의 범위를 나타내는 표현이랍니다.

상식 수직선으로 알아보는 수의 범위

이러한 수의 범위는 수직선으로 나타내면 알아보기가 쉬워요. 수직선에서 기준인 수를 포함하는 이상과 이하는 그 기준점에 막힌 동그라미(●)를 그려서 나타내요. 그리고 수의 범위는 수직선 위에 다른 색의 선으로 표시하지요. 그리고 미만과 초과는 뚫린 동그라미(○)를 그려서 나타내요. 수직선에 3 이상 5 미만을 표시하면 옆과 같아요.

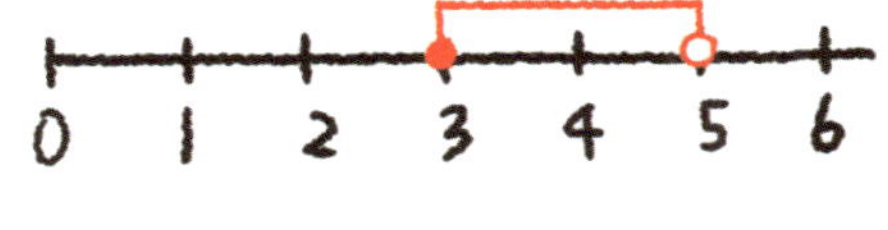

수의 범위를 식으로 나타낼 때는 이상과 이하는 ≦, ≧로 나타내고 초과와 미만은 〈, 〉로 나타내요. ‘가는 4 초과 9 이하’를 식으로 나타내면 4〈가≦9와 같지요.

체중계의 눈금은
왜 바뀌지 않을까요?

원래 몸무게에 귤의 무게가 더해졌으면 체중계의 무게가 더 늘어나야 맞아요. 그런데 체중계의 눈금은 왜 바뀌지 않았을까요? 그 이유는 우리가 흔히 집에서 사용하는 체중계는 5.4kg 또는 42.1kg처럼 소수점 한 자리까지만 나타내고 소수점 두 자리 이하의 숫자는 표시하지 않기 때문이에요. 그런데 귤 한 개의 무게는 0.1kg(100g)보다 작기 때문에 표시하지 않은 것이지요.

이처럼 어떤 자리 이하의 숫자는 모두 버리고 0으로 처리하는 것을 '버림'이라고 해요.

• 버림을 이용해 소수점 한 자리까지만 구할 때:

42.18kg ⇨ 42.1kg(8을 버림)

이와는 반대로 구하려는 자리 아래에 숫자가 있으면 무조건 위로 올려, 구하려는 자리의 숫자가 하나 늘어나는 경우도 있어요. 이것은 '올림'이라고 해요. 10개가 한 묶음으로 된 것을 살 때 필요한 양이 14개라면 어쩔 수 없이 20개를 사야 하지요. 이럴 때 올림을 사용해 표시해요.

• 올림을 이용해 10의 자리까지만 구할 때:

14개 ⇨ 20개 (4를 올리면 구하려는 자리 1이 하나 올라가서 1이 2가 됨)

상식 '반올림'이란?

올림과 버림 외에도 한 자리 아래 숫자가 0, 1, 2, 3, 4이면 버리고 5, 6, 7, 8, 9이면 올리는 방법이 있는데 이것은 '반올림'이라고 해요. 반올림은 값이 크고 복잡한 수를 나타낼 때 간단하게 표현하기 위해서 사용해요. 74858696과 같은 숫자를 만의 자리까지만 나타내고 싶을 때, 만 아래 천의 자리 숫자가 8이므로 반올림하면 74860000으로 나타낼 수 있어요. 이렇게 반올림을 했을 때는 '약 74860000'이라고 표현하는 경우가 많아요.

숫자 삼각형에는 어떤 규칙이 숨어 있을까요?

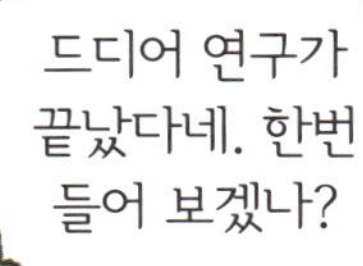

프랑스의 수학자 파스칼이 연구한 것은 자연수를 삼각형 모양으로 늘어놓은 것이었어요. 이 숫자 삼각형은 원래 중국인들이 만든 것이었어요. 그런데 파스칼이 이것에 관심을 가지고 연구해서 정리했기 때문에 이것을 '파스칼의 삼각형'이라고 불러요.

이 삼각형은 만들 때 규칙이 있어요. 우선 삼각형의 꼭짓점부터 양쪽으로 1을 모두 써 내려가요. 그런 다음에 빈 곳에는 윗줄에 있는 양쪽 숫자를 더해서 써넣으면 돼요.

이렇게 숫자를 써넣다 보면 규칙이 생겨요. 첫 번째 줄 숫자를 모두 더하면 1, 두 번째 줄 숫자를 모두 더하면 2, 세 번째 줄을 모두 더하면 4, 네 번째 줄을 모두 더하면 8이 되지요. 이런 식으로 각 줄에 있는 숫자들을 모두 더해서 나온 값에도 규칙이 있어요. 각 줄의 숫자의 합은 윗줄 숫자의 합에 2를 곱한 값이 된답니다.

또 각 줄의 숫자들은 11, 121, 1331, 14641처럼 앞으로 쓰든 뒤로 쓰든 똑같은 모양이 돼요.

그리고 각 줄에서 짝수 번째 숫자들의 합과 홀수 번째 숫자들의 합은 똑같아요. 파스칼은 이 숫자 삼각형에서 수의 규칙을 많이 찾아냈답니다.

▲파스칼의 삼각형

모르는 것을 x라고 한 사람은 누구일까요?

수학에서 '어떤 수에 2를 더하면 3이 될까?'와 같은 문제에서 어떤 수는 x라고 표현해요. 복잡한 식에서 계속 '어떤 수'라고 표현하기 귀찮으니까 간단히 기호로 나타내는 것이지요. 이것을 x라고 맨 처음 사용한 것으로 알려진 사람은 프랑스의 수학자 데카르트예요. 그는 알고 있는 선분은 a, b, c로, 모르는 선분은 x, y, z로 표현했답니다.

데카르트가 왜 굳이 x를 사용했는지는 정확히 알 수 없지만 몇 가지 이야기가 전해져요. 하나는 당시 독일의 어떤 유명한 수학자가 미지수로 사용했던 것에서 응용했다는 이야기예요. 미지수는 방정식에서 구하려고 하는 수이지요. 그리고 아라비아에서 미지수를 '쉐이'라고 불렀는데, 이것을 스페인 사람들이 XEI라고 쓴 것을 보고 그 앞 글자를 따온 것이라는 이야기도 있어요. 그리고 가장 허무하고도 재미있는 이야기가 있지요. 데카르트는 프랑스 사람인데, 프랑스 어에 x가 많이 쓰이다 보니 인쇄소에 x 활자가 많이 남아서 썼다는 이야기랍니다.

상식 등식의 성질을 이용해 방정식 풀기

어떤 문자가 특정한 값을 취할 때만 성립하는 방정식을 풀 때는 등식의 성질을 이용해요. 등식은 등호(=)를 사용해서 나타낸 식이에요. 등호(=)가 들어간 식은 식의 양쪽에 같은 수를 더하거나 빼거나 곱하거나 나누어도 그 관계가 똑같아요. 그래서 한쪽에 x만 남을 때까지 양쪽에 같은 수를 더하거나 빼거나 곱하거나 나누어서 x의 값을 알아낸답니다.

$$2 \times x + 5 = 11$$
$$2 \times x + 5 - 5 = 11 - 5$$
$$2 \times x = 6$$
$$2 \times x \div 2 = 6 \div 2$$
$$x = 3$$

누가 더 많이 먹었을까요?

와! 바나나다!
천천히 먹으렴.

막내가 1개 먹을 때
난 2개 먹어야지.
무조건 두 배로 먹을 테다!

그럼 둘째가 3개 먹을 때
난 4개 먹을 거야.

싸우지 말고 사이좋게
나눠 먹으렴. 왜 이렇게
욕심이 많니?
잉!
앗!

좋아, 그럼 누가 가장
욕심이 많은지 가려 볼까?
?
?

막내가 1개를 먹을 때 둘째가 2개를 먹겠다는 것은 꼭 2개만 먹는다는 것은 아니에요. 막내가 1개를 먹으면 2개를, 2개를 먹으면 4개를 먹겠다는 것으로 볼 수도 있지요. 이렇게 두 수의 비교는 비를 나타내는 : 기호를 이용해서 나타낼 수 있어요. 막내가 1개를 먹을 때 둘째가 2개를 먹는 것은 1:2, 둘째가 3개를 먹을 때 첫째가 4개를 먹는 것은 3:4로 나타내요.

그런데 이 셋을 동시에 비교하려면 어떻게 해야 할까요? 첫째와 막내 둘 다와 연결되어 있는 것은 둘째예요. 따라서 둘째가 먹는 양이 같을 때 첫째와 셋째가 먹는 양을 적으면 셋을 동시에 비교할 수 있지요.

막내 : 둘째	1:2	2:4	3:6	4:8
둘째 : 첫째	3:4	6:8	9:12	12:16

표를 잘 살펴보세요. 둘째의 양이 6으로 같아지는 때가 있지요.

막내 : 둘째 = 3 : 6

둘째 : 첫째 = 6 : 8

따라서 막내 : 둘째 : 첫째 = 3 : 6 : 8 이에요.

막내가 3개를 먹을 때 둘째는 6개를, 첫째는 8개를 먹는다는 뜻이지요. 그러니까 첫째가 가장 욕심쟁이예요.

 비를 표현하는 방법

3:2는 3대2, 3과 2의 비, 3의 2에 대한 비, 2에 대한 3의 비라고 표현할 수 있답니다.

개미는 왜 손해를 보았을까요?

똑같은 50%라고 해서 그 값이 같은 것은 아니에요. 백분율과 같은 비율은 어떤 것을 기준으로 했을 때 얼마나 되는지를 표시하는 것이기 때문에 기준이 무엇인지가 아주 중요해요.

개미가 가진 빵은 100개였어요. 그래서 베짱이가 50%를 달라고 하자 50개를 즈었지요. 베짱이는 나중에 자기가 가진 빵의 50%를 주겠다고 했어요.

그런데 다음 해 가을에 베짱이에게는 빵이 60개밖에 없었어요. 그래서 60개의 50%인 30개를 돌려준 거예요. 이처럼 똑같은 50%라도 기준이 다르기 때문에 베짱이가 돌려준 빵은 더 적었던 거랍니다.

우리가 저축을 할 때도 이런 비율이 적용돼요. 저축한 원래 금액에 대한 이자의 비율을 '이율'이라고 해요. 보통은 이자가 처음 저축한 금액의 몇 %하는 식으로 똑같이 늘어나요. 그런데 이자가 늘어나는 방식 중에 '복리'라고 하는 방식이 있어요. 복리는 처음 저축한 금액에 받은 이자까지 합한 금액의 몇 %로 계산되기 때문에 받을 이자가 훨씬 많아지지요. 이처럼 비율은 기준량이 중요하답니다.

상식 비율을 나타내는 방법

기준량에 대해 비교하는 양의 크기를 비율이라고 해요. $\dfrac{\text{비교하는 양}}{\text{기준량}}$ 과 같이 분수로 나타낼 수 있고, 소수나 백분율로도 나타낼 수 있어요.

$$\text{백분율} = \dfrac{\text{비교하는 양}}{\text{기준량}} \times 100$$

비너스가 아름다운 이유는
무엇일까요?

밀로의 비너스 상을 연구해 보면 배꼽을 기준으로 위와 아래의 비율이 1:1.618이에요. 또 머리와 목에서 배꼽까지의 비율 역시 1:1.618이지요. 발에서 무릎, 무릎에서 배꼽까지의 비율도 마찬가지예요.

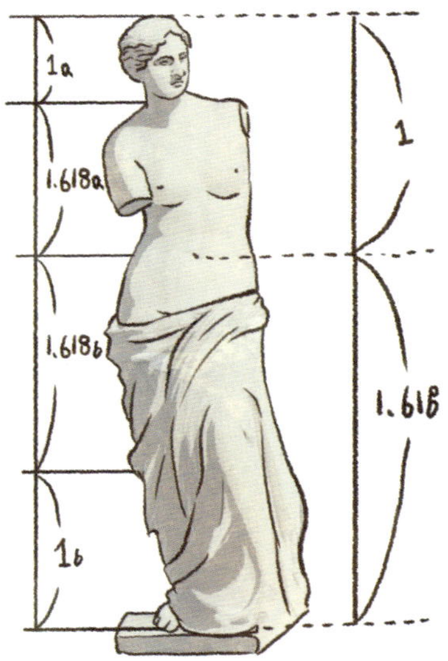

아주 오래전부터 사람들은 이런 비율로 만들어진 미술품이나 건축물을 볼 때 편안하고 아름답게 느껴진다는 것을 알았어요. 그래서 이런 비율을 '황금비'라고 불렀지요. 전체를 둘로 나누었을 때 전체와 긴 부분, 긴 부분과 짧은 부분의 비율이 1:1.618을 이루는 것을 '황금비'라고 해요. 사람들에게 여러 종류의 사각형 모양을 보여 주고, 그중에 마음에 드는 것을 고르라고 하면 나라나 나이, 성별에 상관없이 대부분의 사람들이 황금비로 이루어진 사각형을 고른다고 해요.

이런 황금비는 고대 그리스에서부터 현재에 이르기까지 다양한 곳에 쓰여 왔어요. 이집트의 피라미드나 파르테논 신전 같은 고대 건축물에서부터 으늘날 카드, 엽서, 모니터 등의 가로와 세로 비율에 이르기까지 많은 것이 황금비로 이루어져 있지요.

상식 자연 속의 황금비

이런 황금비는 자연 속에서도 찾을 수 있어요. 장미꽃의 꽃잎은 대개 두 장의 꽃잎 사이에 포개져 있는데, 딱 가운데가 아니라 가운데에서 약간 치우쳐 있어요. 그 위치가 바로 황금비의 위치랍니다.

숲 속의 나무는 모두 몇 그루일까요?

이 신하는 어떻게 정확히 나무의 수를 알았을까요? 숲에 있는 수많은 나무를 일일이 세다 보면 숫자가 헷갈릴 수 있어요. 또 어떤 나무를 세었는지 안 세었는지도 헷갈리기 쉽지요. 그런데 숫자를 정확히 센 신하는 어떤 방법을 썼을까요? 나무 하나에 각각 줄 하나씩을 맨 다음, 나중에 그 줄을 모아 숫자를 센 거예요.

이렇게 어떤 것 하나에 다른 것 하나를 짝 지어 생각하는 방식은 아주 오랜 옛날부터 쓰여 왔어요. 숫자가 생겨나기 전에 사람들은 가축의 수를 세기 위해 가축 하나에 작은 돌을 하나씩 짝지은 뒤 이것을 모아 수를 계산하기도 했지요. 지금도 반에서 회장을 뽑을 때 한 표에 하나씩 빗금을 그어 표를 계산해요. 이런 것을 수학적으로는 '일대일 대응'이라고 해요.

상식 생활 속 일대일 대응

우리 생활 속에서 일대일 대응을 찾아볼 수 있는 가장 쉬운 예는 바로 사다리 타기예요. 사다리 타기는 어떤 사람이 사다리 위쪽에서 번호 하나를 선택하면 반드시 하나의 결과가 나오지요. 또 다른 번호를 선택한 사람끼리는 절대 같은 결과가 나오지 않아요.

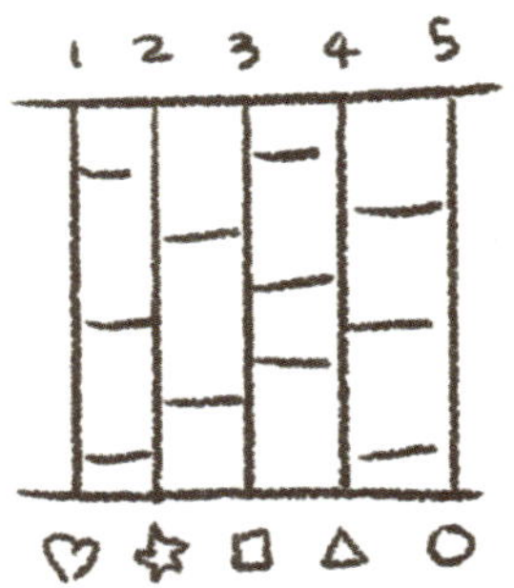

또 자동으로 음료수나 과자가 나오는 자판기도 일대일 대응의 원리를 이용한 기계예요. 음료수의 버튼을 누르면 반드시 그에 해당하는 하나의 음료수가 나와요. 만약에 한 번에 2개가 나온다면 그것은 일대일 대응이라고 할 수 없어요. 반드시 하나의 값에 하나의 값이 대응되어야만 일대일 대응이라고 할 수 있지요.

자연 속에 숫자의 규칙이 숨어 있다고요?

　1, 1, 2, 3, 5, 8, 13, 21, 34, 55……와 같은 수들에는 특별한 규칙이 없어 보여요. 하지만 이 수들은 지금으로부터 약 800여 년 전 이탈리아의 피보나치라는 사람이 발견한 수들로, 신기한 규칙을 가지고 있답니다. 바로 앞의 숫자 둘을 더하면 그 다음 수가 나온다는 규칙이지요. 그래서 사람들은 이 수를 '피보나치수열'이라고 해요.

1, 1, 2, 3, 5, 8, 13, 21, 34, 55……
2　3　5　8　13　21　34　55

　그런데 사람들은 이 숫자들이 자연 속에서 자주 발견된다는 것을 알게 되었어요. 꽃잎 수를 세어 보면 많은 꽃의 꽃잎이 대부분 3, 5, 8, 13과 같은 수로 이루어져 있다는 것을 알 수 있어요. 그리고 나무의 가지가 늘어나는 수도 피보나치수열의 순서를 따른다는 것도 알 수 있답니다.

상식 피보나치수열로 그리는 곡선

　한 변의 길이가 1, 1, 2, 3, 5, 8인 정사각형을 그려서 나선형으로 연결하고 그 안에 곡선을 그리면 예쁜 나선이 만들어져요. 그런데 이 나선을 어디서 많이 본 것 같지 않나요? 신기하게도 자연 속의 달팽이나 소라 등의 껍데기는 이 나선처럼 일정한 비율로 되어 있답니다.

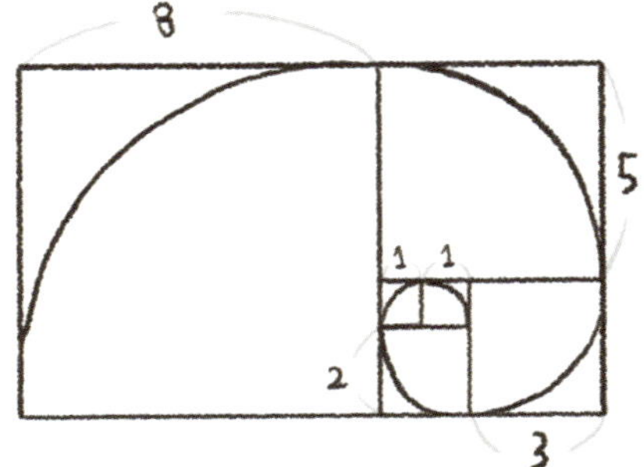

파리의 정확한 위치는 어떻게 나타내야 할까요?

골똘히 생각하던 데카르트는 좋은 생각을 떠올렸어요. 천장의 아래쪽과 왼쪽이 만나는 점을 기준으로 잡고, 아래쪽과 왼쪽에 길이를 재는 자처럼 눈금이 있다고 생각했지요. 그렇게 하면 파리가 앉은 위치를 오른쪽으로 몇 칸, 왼쪽으로 몇 칸 하고 나타낼 수 있겠다고 생각한 거예요. 이렇게 나타낸 것이 좌표예요. 수직선이나 좌표평면에 있는 점의 위치를 나타내는 수나, 수의 순서쌍을 '좌표'라고 해요.

만약에 파리가 오른쪽과 같이 옮겨 앉는다고 생각해 보세요. 만약 좌표가 없다면 왼쪽에서 오른쪽으로 옮겨 앉았다고 막연히 이야기할 수밖에 없을 거예요. 그리고 어디를 기준으로 오른쪽과 왼쪽을 구분해야 하는지도 알 수 없지요. 하지만 데카르트가 생각해 낸 좌표를 이용하면 어디로 얼마만큼 옮겨 앉았는지 정확히 표현할 수 있어요.

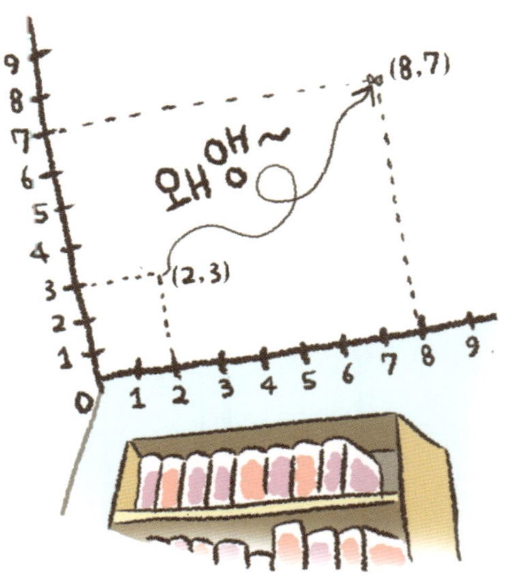

 컴퓨터도 좌표로 계산해요

마우스를 움직이면 화살표가 컴퓨터 화면에서 이리저리 움직이고, 또 어떤 위치에 가면 손가락 모양으로 변하기도 하지요? 이럴 때 컴퓨터는 좌표를 이용해 마우스가 화면상에서 어떤 위치에 있는지 정확히 계산해 냅니다.

4 도형

평행한 선은 어떻게 그릴까요?

면이 앞뒤가 없이 하나뿐인 것도 있을까요?

원은 왜 360°일까요?

집의 지붕은 왜 대부분 삼각형 모양일까요?

종이비행기를 위에서 본 모습도 사각형일까요?

꿀벌의 집은 왜 육각형으로 되어 있을까요?

타일의 모양은 왜 다양하지 않을까요?

어느 피자가 양이 더 많을까요?

피라미드의 높이는 얼마일까요?

양쪽을 똑같이 오리려면 어떻게 해야 할까요?

아르키메데스의 무덤에 새겨진 도형은 무엇이었나요?

반짝이는 다이아몬드는 어떤 도형인가요?

축구공에 숨어 있는 도형은 무엇일까요?

전개도를 잘 그리려면 어떻게 해야 할까요?

같은 다리를 두 번 건너지 않고 모든 다리를 건널 수 있을까요?

 평행한 선은 어떻게 그릴까요?

　평행한 두 선을 지나는 한 선분(두 점을 곧게 이은 선)을 그려 보세요. 그리고 이 선분이 두 평행선과 만나는 곳에 생긴 각 중에서 오른쪽의 같은 각에 표시를 해 보세요. 이것을 '동위각'이라고 해요. 이 각이 서로 같으면 선을 끝까지 그려 보지 않아도 두 선은 평행하다는 것을 알 수 있어요. 만약 이 각이 다르면 두 선은 언젠간 만나게 돼요.

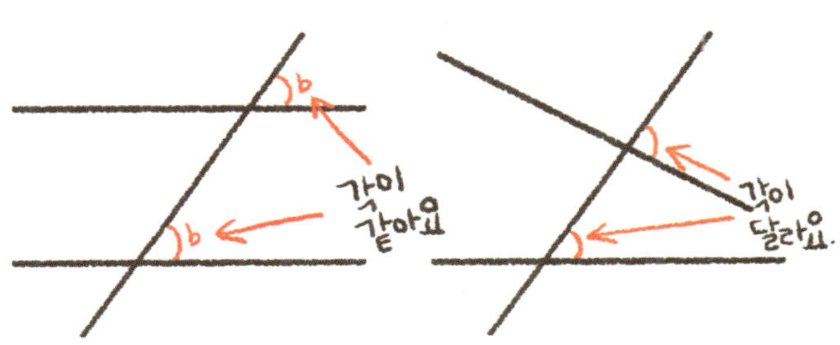

　그러니까 반대로 평행선을 그릴 때는 한 선을 긋고 각을 재어 같은 각을 이루는 두 선을 나란히 그리면 되지요.

　직사각형의 마주 보는 두 변도 각각 서로 평행해요. 직사각형을 그릴 때도 네 각을 정확히 90°로 잰 뒤 자를 대고 선을 그으면 정확히 그릴 수 있답니다.

상식 삼각자로 평행선 그리기

　삼각자를 이용해서 평행선을 그릴 수도 있어요. 한 개의 삼각자를 움직이지 않게 고정하고, 다른 삼각자를 여기에 직각으로 대고 선을 그어요. 그리고 삼각자를 그대로 밑으로 내려 그 직선을 따라 선을 하나 더 그으면 평행선이 되지요.

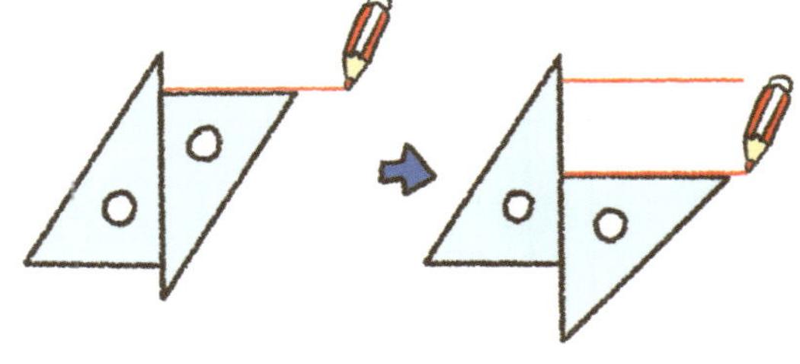

면이 앞뒤가 없이
하나뿐인 것도 있을까요?

독일의 수학자 뫼비우스는 결국 신기한 띠를 만들어 냈어요.

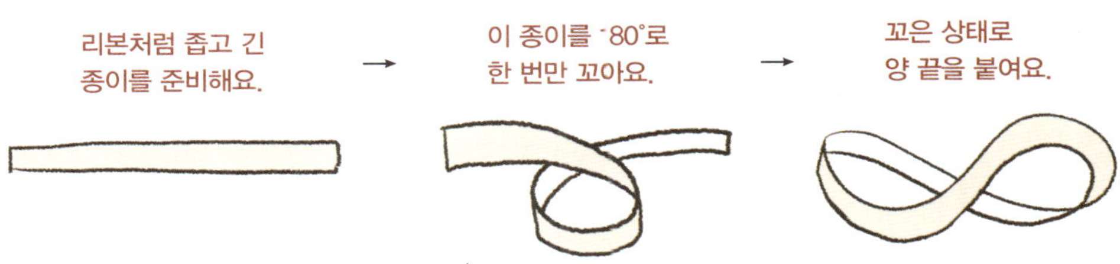

이렇게 만들어진 띠는 얼핏 보면 면이 두 개로 보여요. 하지만 띠의 한 면에 점을 찍고 선을 계속 연결해서 그어 보면 다시 처음으로 되돌아와요.

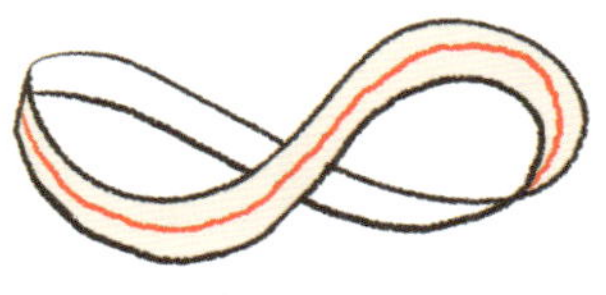

그러니까 이 띠는 안과 밖, 앞과 뒤의 구별이 없는 신기한 모양이었지요. 종이나 동전은 앞과 뒤가 있어서 면이 두 개인데, 이 띠는 면이 하나뿐이었어요. 결국 이것으로 뫼비우스는 1865년에 상금을 탔어요. 그리고 이 띠는 '뫼비우스의 띠'라고 불리게 되었답니다.

 뫼비우스의 띠를 응용한 롤러코스터

뫼비우스의 띠는 생활 속에도 응용되고 있어요. 놀이공원의 롤러코스터는 레일 위를 올라갔다 내려갔다 하며 한 바퀴 돌기도 하지요. 하지만 결국 출발한 자리로 되돌아와요. 이 롤러코스터의 레일도 뫼비우스의 띠를 응용해서 만든 거예요.

원은 왜 360°일까요?

각은 참 재미있단 말이야.
두 선이 만나 이루는 모양이 신기해.
3시일 때 큰바늘과 작은바늘이 이루는 각은 90°야.
책장 선반과 책의 각은 65°군.
각도 없는데 왜 사람들은 원을 360°라고 하는 거야?
그런데 원에는 두 직선이 만나는 각이 없잖아? 어떻게 각을 재어야 하지?

도형을 살펴보면 선들이 만나면서 안쪽과 바깥쪽에 생기는 각을 찾을 수 있어요.

하지만 둥근 원을 보면 각을 찾을 수 없는데, 왜 360°라고 하는지 잘 이해가 되지 않지요.

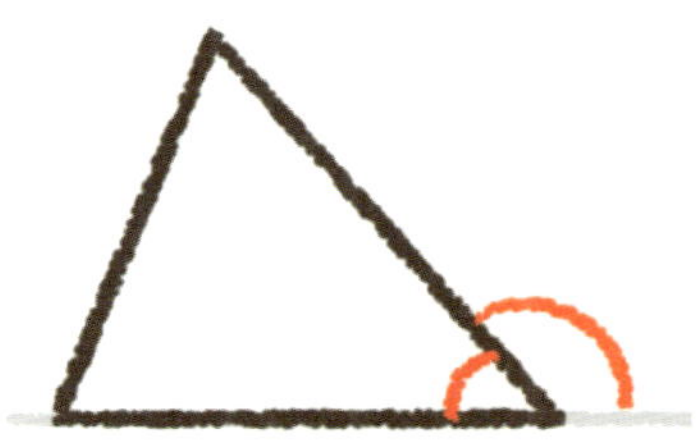

원의 중심에서 원의 둘레에 닿는 선을 하나 그려 보세요. 시계가 12시일 때 큰바늘과 작은바늘이 한 점에서 만나는 것처럼, 원도 한 선이 먼저 있고 다른 선이 한 바퀴를 돌아 그 선에 겹쳐진 것으로 생각하면 선을 중심으로 둥그런 각이 생기게 돼요.

사람들은 이처럼 한 바퀴를 빙 돌아 생긴 각을 360°라고 정했어요. 그 이유는 옛날 바빌로니아 사람들이 1년을 360일로 생각하면서 태양을 닮은 원도 360에 연결해서 생각했기 때문이에요.

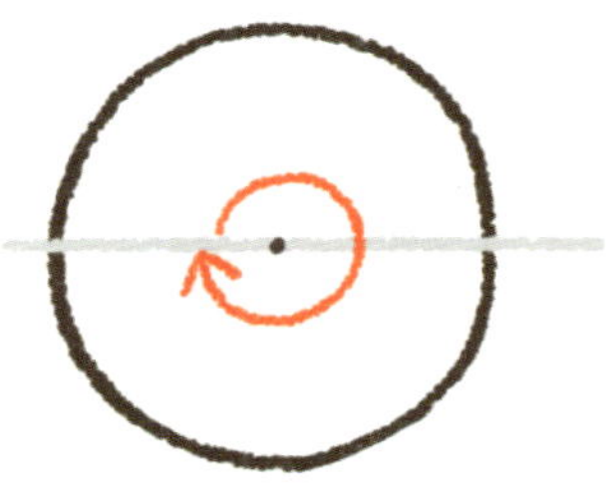

보통 우리가 각도를 재는 각도계는 반원 모양으로 180°까지 잴 수 있지만, 원으로 되어 360°까지 잴 수 있는 각도계도 있답니다.

 직각, 예각, 둔각

두 직선이 한 점에서 만나 이루는 각의 크기를 '각도'라고 해요. 각도가 90°일 때는 직각이라고 하고, 각도가 90°보다 작을 때는 예각, 클 때는 둔각이라그 하지요.

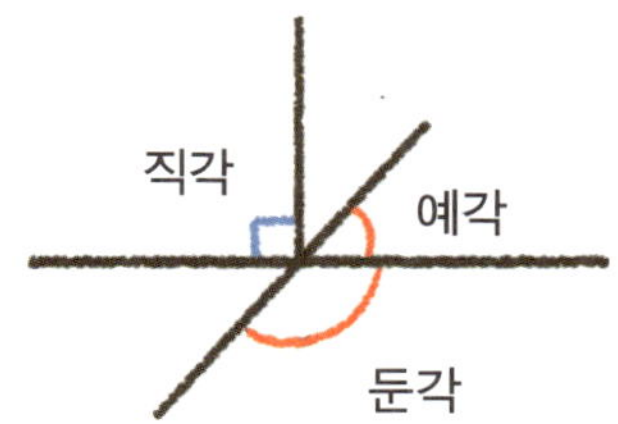

집의 지붕은 왜 대부분 삼각형 모양일까요?

　수수깡을 핀으로 연결해 삼각형과 사각형 모양을 만들어 보세요. 그런 다음 삼각형을 세우고 꼭짓점을 손가락으로 눌러 보세요. 삼각형은 모양이 변하지 않아요. 그런데 사각형은 위에서 아래로 누르면 모양이 기울어지면서 다른 모양의 사각형이 되지요. 이처럼 위에서 힘을 가했을 때 사각형보다 삼각형이 훨씬 튼튼하기 때문에 지붕은 삼각형 모양이 많은 거예요. 만약 지붕이 평평하다면 눈이 많이 내려 지붕에 쌓일 경우 무너질 위험이 클 거예요. 하지만 사각형 모양에 수수깡을 대각선으로 가로질러 고정하면 눌러도 쉽게 모양이 변하지 않아요. 마치 삼각형 2개가 모여 하나의 사각형을 이룬 것처럼 보이지요. 그래서 철로 된 다리나 탑을 보면 더 튼튼하게 하기 위해 이런 모양으로 되어 있는 것을 볼 수 있어요.

▲삼각형을 마주 붙여 만든 형태의 튼튼한 다리 난간

상식　다각형의 내각의 합 구하기

　삼각형은 모든 도형의 기본이라고 할 수 있어요. 사각형, 오각형, 육각형 등 다른 다각형들은 안에 선을 그으면 삼각형으로 나누어져요. 삼각형은 어떤 모양이든 내각의 합이 항상 180°예요. 이 원리를 이용하면 다각형들의 내각의 합을 계산할 수 있어요. 사각형은 삼각형 2개로 나뉘니까 내각의 합은 180°×2=360°이고, 오각형은 삼각형 3개로 나뉘니까 내각의 합은 180°×3=540°예요.

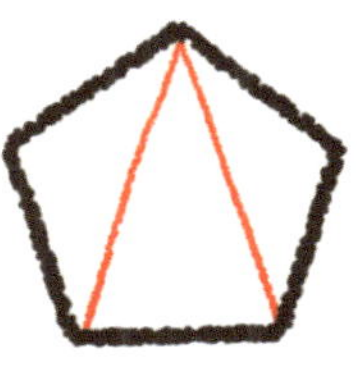

종이비행기를 위에서 본 모습도
사각형일까요?

우리는 처음에 사각형을 배울 때 쉽게 이해하기 위해 네모 모양이 사각형이라고 배워요. 그래서 흔히 사각형이라고 하면 정사각형이나 직사각형 모양을 떠올리지요. 그런데 사각형을 배우다 보면 좀 더 다양한 사각형이 있다는 것을 알게 된답니다. 사다리꼴도 마름모꼴도 모두 사각형이에요. 네 개의 선분으로 이루어진 도형은 모두 사각형이니까요.

사다리꼴: 한 쌍의 변이 평행한 사각형

평행사변형: 두 쌍의 변이 모두 평행한 사각형

마름모: 네 개의 변의 길이가 모두 같은 사각형

정사각형: 네 변의 길이가 같고, 각이 모두 직각인 사각형

이처럼 사각형의 모양은 아주 다양해요. 얼핏 보기에는 사각형처럼 보이지 않지만, 종이비행기의 날개를 위에서 본 모양도 네 개의 변으로 이루어진 도형이기 때문에 사각형이 맞답니다.

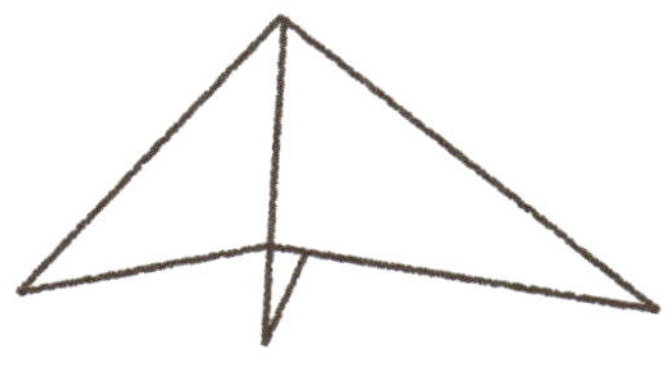

 오목 사각형과 볼록 사각형

　종이비행기를 위에서 본 모습처럼 생긴 사각형을 '오목 사각형'이라고 해
요. 오목 사각형은 사각형의 네 선분을 길게 늘여 그렸을 때 그 선이 사각형
의 안쪽을 지나가요. 선분을 늘여 그렸을 때 사각형의 안쪽을 지나지 않는 사
각형은 '볼록 사각형'이라고 해요. 우리가 아는 사각형은 대부분 볼록 사각형
이에요.

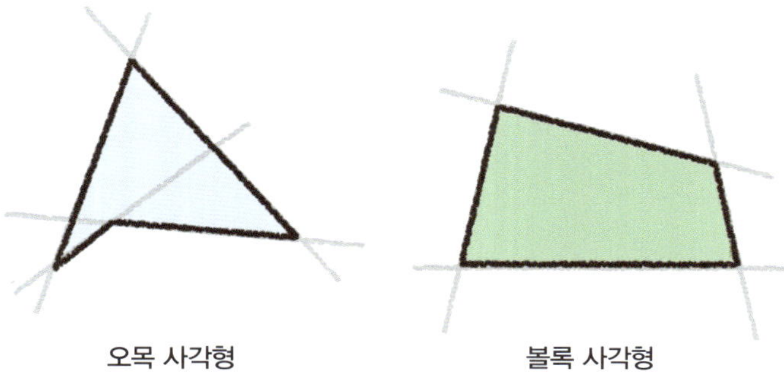

| 오목 사각형 | 볼록 사각형 |

 사각형

　평면 위에 그려진 도형 중에서, 네 개의 선분으로 둘러싸인 도형을 말해요.

우리 민속놀이 중에 칠교놀이라는 놀이가 있어요. 정사각형 모양의 판을 7조각으로 나누어 다양한 모양을 만들며 노는 놀이이지요. 칠교놀이 조각을 보며 질문에 답해 보세요.

① 7조각 중 사각형은 모두 몇 개인가요?

② 사다리꼴은 모두 몇 개인가요?

③ 평행사변형은 모두 몇 개인가요?

④ 마름모는 모두 몇 개인가요?

풀이 ① 사각형은 4개의 선분으로 둘러싸인 도형이에요. 따라서 사각형은 2개예요.

② 사다리꼴은 마주보는 한 쌍의 변이 평행한 사각형이에요. 따라서 두 사각형 모두 사다리꼴이라고 할 수 있어요.

③ 평행사변형은 마주보는 두 쌍의 변이 각각 평행한 사각형이에요. 따라서 두 사각형 모두 평행사변형이라고도 할 수 있어요.

④ 마름모는 네 변의 길이가 모두 같은 사각형이므로 1개예요.

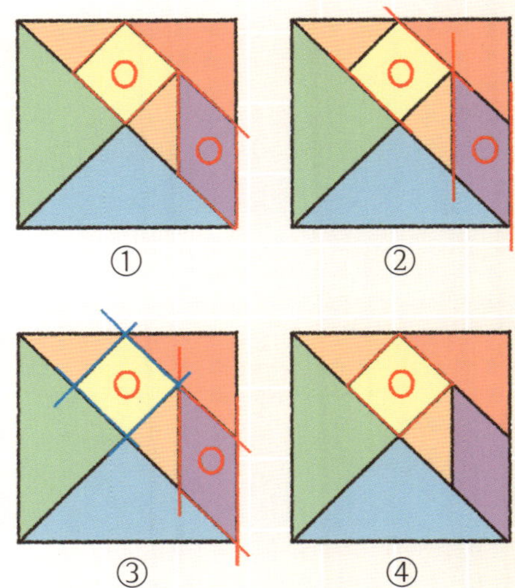

답) ① 2개 ② 2개 ③ 2개 ④ 1개

꿀벌의 집은 왜 육각형으로 되어 있을까요?

　꿀벌들은 꿀을 모아서 집에 보관하기 때문에 꿀을 많이 담을 수 있는 튼튼한 집이 필요하지요. 그래서 꿀벌들은 육각형이 연결된 모양으로 집을 지어요. 수학을 배운 적은 없지만 본능적으로 자신들에게 가장 알맞은 집을 짓는 거예요.

　정육각형 모양은 서로 연결해서 쌓았을 때 그 사이에 빈틈이 없이 꼭 들어맞아요. 이처럼 도형 중에서 서로 연결해서 쌓았을 때 빈틈이 없이 꼭 맞는 경우는 정삼각형, 사각형, 정육각형의 3가지 경우가 있어요.

▲육각형이 연결된 모양의 벌집

　그런데 삼각형으로 집을 지으면 선, 즉 벽을 방보다 더 많이 만들어야 해서 집을 짓는 데 재료가 많이 들어요. 꿀벌은 자신의 몸에서 나오는 분비물로 집을 짓지요. 그래서 재료가 많이 드는 삼각형을 택하지 않은 거예요. 또 사각형으로 집을 지으면 튼튼하지 않아서 외부에서 힘이 가해지면 육각형 집보다 쉽게 무너져요. 그래서 재료도 덜 들고 튼튼한 육각형 모양으로 집을 짓지요. 그리고 정육각형 모양은 원의 모양에 가까운 도형으로 다른 도형들보다 넓이가 넓어 꿀도 더 많이 저장할 수 있답니다.

상식 　변의 개수와 다각형의 넓이

　같은 육각형이라도 둘레가 같을 때는 변의 길이가 같은 정육각형이 가장 넓이가 넓어요. 이것은 다른 다각형도 마찬가지예요. 둘레가 같을 때는 정다각형이 가장 넓이가 넓답니다. 또 둘레가 같은 여러 가지 다각형이 있을 때는 원에 가까울수록, 즉 변의 개수가 많은 다각형일수록 넓이가 더 넓어요.

타일의 모양은 왜 다양하지 않을까요?

욕실이나 바닥의 타일을 보면 대부분 정사각형 모양으로 되어 있어요. 그 이유는 정사각형끼리 연결하면 서로 겹치지 않으면서 빈틈없이 꼭 맞기 때문이에요. 이렇게 똑같은 모양의 도형으로 벽이나 바닥을 빈틈없이 서로 겹치지 않게 덮는 것을 '쪽매 맞춤'이라고 하지요.

쪽매 맞춤이 가능한 도형은 정삼각형, 정사각형 그리고 정육각형이에요. 쪽매 맞춤은 도형을 서로 맞댔을 때 그 각의 합이 360°가 되어야만 가능하거든요. 그런데 정오각형은 각 하나의 크기가 108°예요. 그래서 세 각을 붙여도 36°가 남아 틈이 벌어지지요. 그래서 정오각형, 정팔각형 등 다양한 타일을 만들지 않는 거예요.

삼각형 타일은 만들 수는 있지만 사각형보다 더 많은 조각을 붙여야 해요. 또 육각형 타일은 사각형 타일보다 만들기가 복잡하지요. 그래서 우리가 사용하는 타일 중에는 정사각형이 가장 많답니다.

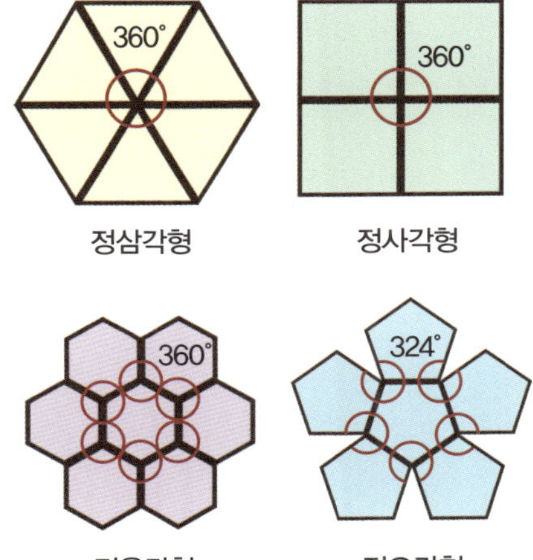

타일로 벽을 꾸민 알함브라 궁전

타일의 모양이 똑같은 정사각형이라고 하더라도 무늬를 그려 넣고, 그 무늬를 옮기거나 돌리면 다양하고 재미있는 그림이 나온답니다. 이런 방법으로 화장실이나 벽을 아름답게 꾸미기도 해요.

스페인의 알함브라 궁전은 이런 기법을 이용한 아름다운 벽과 천장으로 매우 유명하답니다.

어느 피자가 양이 더 많을까요?

피자는 납작한 모양이니까 두께가 같다고 생각하면 넓이를 구해 크기를 비교할 수 있어요. 동그란 모양의 피자 넓이는 원의 넓이를 구하는 공식을 이용해 계산할 수 있지요.

$$원의\ 넓이 = 반지름 \times 반지름 \times 원주율(\pi)$$

레귤러 사이즈 피자의 지름은 8인치니까 반지름은 4인치예요.

라지 사이즈 피자의 지름은 12인치니까 반지름은 6인치예요.

그리고 레귤러 사이즈 피자 2판의 넓이는 $16 \times 원주율(\pi) \times 2 = 32 \times 원주율(\pi)$이에요.

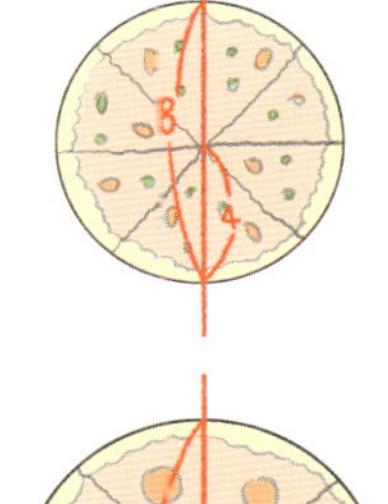

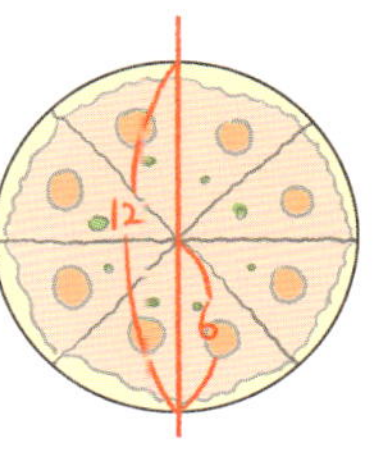

레귤러 사이즈 피자 2판의 넓이와 라지 사이즈 피자 1판의 넓이를 비교해 보면 라지 사이즈 피자 1판의 넓이가 더 크다는 것을 알 수 있어요.

$$32 \times 원주율(\pi) < 36 \times 원주율(\pi)$$

따라서 같은 가격이면 양이 더 많은 라지 1판을 먹는 것이 이익이겠지요?

상식 원주율의 이모저모

원의 둘레나 넓이를 구할 때 곱하는 원주율은 원의 지름에 대한 둘레의 비예요. 원주율은 약 1:3.14로 원의 지름이 1cm일 때 둘레는 3.14cm이고, 지름이 2cm일 때 둘레는 2×3.14cm이지요. 그런데 원주율은 정확하지 않고 3.141592…… 하는 식으로 끊임없이 이어지기 때문에 반올림해서 3.14로 계산하거나 π(파이)로 표시해요.

피라미드의 높이는 얼마일까요?

거대한 피라미드의 높이를 알아낸 것은 고대 그리스의 수학자 탈레스였어요. 탈레스는 땅에 꽂아 놓은 막대와 막대의 그림자가 이루는 삼각형이, 피라미드와 피라미드 그림자가 이루는 삼각형과 크기만 다를 뿐 같은 모양이라는 것을 이용해서 문제를 해결했지요.

▲삼각형 모양의 피라미드

탈레스는 땅에 꽂은 막대의 길이와 막대 그림자의 길이가 같아질 때까지 기다렸어요. 길이가 1m인 막대의 그림자 길이가 1m일 때, 피라미드 그림자의 길이를 재어 보니 175m였지요.

그러니까 막대의 길이가 1m일 때 막대 그림자로 이루어진 삼각형의 높이가 1m라면, 피라미드의 경우도 마찬가지르 피라미드의 그림자로 만들어진 삼각형의 높이가175m라면 피라미드의 높이도 175m라고 계산한 거예요.

상식 도형의 닮은꼴

도형의 모양은 똑같은데 크기만 다를 때 두 도형을 '닮은꼴'이라고 해요. 닮은 두 도형은 세 각의 크기가 각각 서로 같그 변의 길이만 일정한 비율로 변해요.

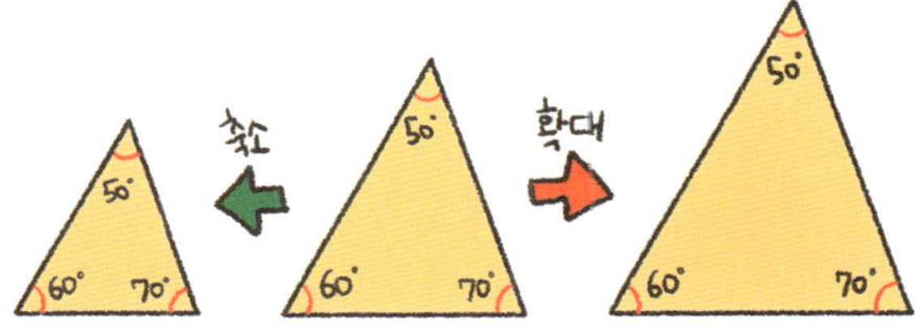

양쪽을 똑같이 오리려면 어떻게 해야 할까요?

미술 시간에 다음과 같은 활동을 해 본 적이 있나요? 도화지 한쪽에만 물감을 짜고 반으로 접었다 펴면 반대쪽에 똑같은 무늬가 나타나지요. 이렇게 한 선을 기준으로 완전히 똑같이 겹쳐지는 것을 '선대칭'이라고 해요. 종이를 오릴 때도 마찬가지예요. 반으로 접어 하트의 반쪽 모양으로 오리면 펼쳤을 때 양쪽이 완전히 똑같은 하트가 되지요.

이렇게 선을 기준으로 양쪽이 완전히 똑같은 도형을 '선대칭 도형'이라고 해요. 그리고 선을 기준으로 똑같은 도형이 2개 있으면 선대칭 위치에 있는 도형이라고 하지요. 이때 기준이 되는 선은 '대칭축'이라고 한답니다.

이런 도형들은 선을 기준으로 선까지의 거리, 변의 길이, 도형의 크기 등 모든 것이 똑같아요. 수아는 이런 선대칭 도형의 특성을 이용해 접은 선을 대칭축으로 해서 양쪽이 똑같은 하트를 만들 수 있었던 거예요.

상식 선대칭 도형의 대칭축 개수

대칭축을 기준으로 하트를 오릴 때는 대칭축이 반드시 하트의 오목한 부분을 지나야 해요. 이럴 경우 그 선대칭 도형의 대칭축은 1개라고 말해요. 그런데 직사각형을 오릴 때는 가로로 접어도 되고, 세로로 접어도 되지요. 따라서 정사각형이 아닌 직사각형의 대칭축은 2개예요. 이처럼 도형마다 대칭축의 개수가 다르답니다.

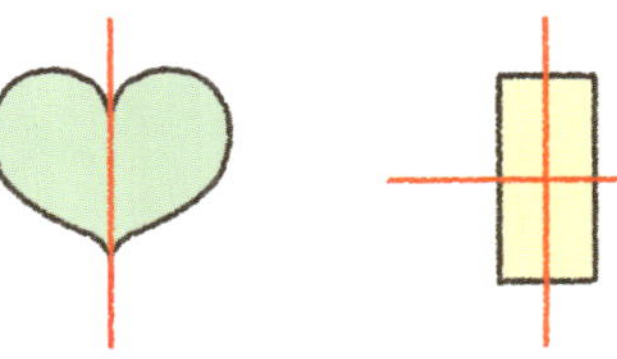

대칭축 1개

대칭축 2개

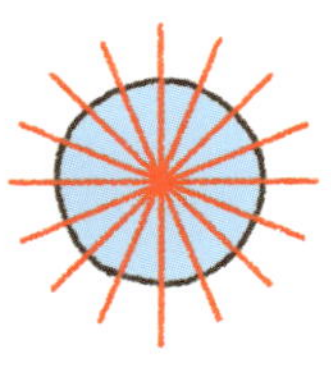

대칭축 여러 개

아르키메데스의 무덤에 새겨진 도형은 무엇이었나요?

아르키메데스는 고대 그리스에서 가장 위대
한 수학자로 손꼽히는 사람이에요. 아르키
메데스의 묘비에 새겨진 도형은 그가 좋
아하던 입체도형이었어요. 원기둥 안에
그에 꼭 맞는 구와 원뿔이 그려진 그림이
었지요.

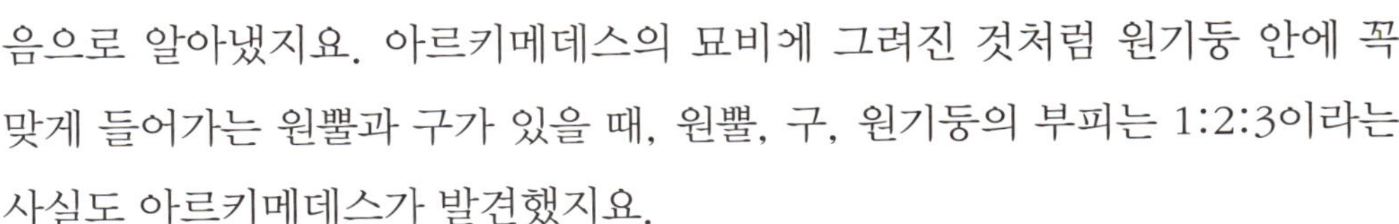

아르키메데스는 입체도형을 좋아했어
요. 그런 만큼 구의 부피를 구하는 방법을 처
음으로 알아냈지요. 아르키메데스의 묘비에 그려진 것처럼 원기둥 안에 꼭
맞게 들어가는 원뿔과 구가 있을 때, 원뿔, 구, 원기둥의 부피는 1:2:3이라는
사실도 아르키메데스가 발견했지요.

아르키메데스는 자신이 발견한 것을 자랑스러워했어요. 그래서 평소에 사
람들에게 자신의 묘비에 이 도형들의 그림을 새겨 달라고 부탁했답니다.

 원기둥의 부피

원기둥의 부피는 밑면이 되는 원의 넓이에 높이를
곱하면 구할 수 있어요.

(원기둥의 부피)

= (반지름) × (반지름) × 3.14 × (높이)

= (한 밑면의 넓이) × (높이)

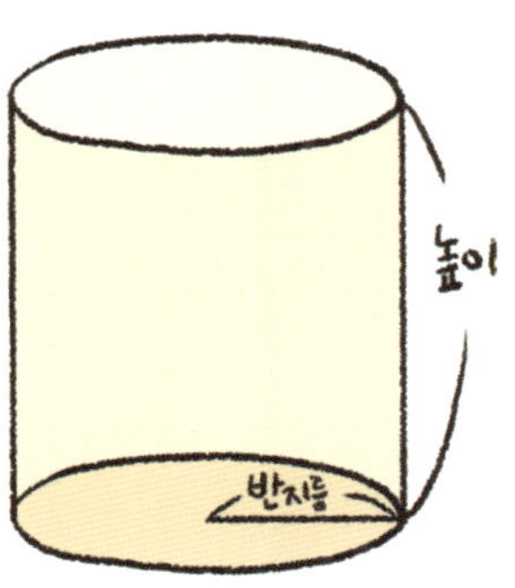

반짝이는 다이아몬드는 어떤 도형인가요?

다이아몬드는 가장 인기 있는 보석의 하나예요. 아주 귀해서 옛날에는 왕이나 귀족들만이 가질 수 있는 보석이었지요. 하지만 지금은 '변하지 않는 영원한 사랑'을 의미한다고 해서 결혼식 때 주고받는 보석으로 많이 쓰여요.

다이아몬드는 반짝이는 아름다운 빛 때문에 널리 사랑받고 있는데, 이렇게 최고의 보석으로 대접받게 된 것은 17세기 말 이탈리아에서 다이아몬드를 깎는 새로운 가공법이 개발된 뒤부터였어요. 베니스의 보석 세공업자였던 페루치는 이 귀한 보석을 가장 적게 깎아내면서 가장 빛나게 할 수 있는 방법을 연구했어요. 그 결과 수학적 비례에 따라 다이아몬드를 58면으로 깎으면, 빛이 이 면들을 따라 꺾이면서 아름답게 무지갯빛으로 빛난다는 것을 알게 되었답니다.

따라서 다이아몬드는 58개의 다각형 면으로 이루어진 입체도형이므로 58면체라고 할 수 있어요.

▲반짝이는 다이아몬드 목걸이

상식 지구상에서 가장 단단한 다이아몬드

다이아몬드는 잘 변하지 않아서 변하지 않는 영원한 사랑의 상징으로 쓰이지요. 다이아몬드는 석탄, 석유처럼 탄소로 구성되어 있어요. 하지만 순수한 탄소가 오랜 시간 열과 압력을 받아 다른 탄소 원자와 정사면체 형태로 결합되면서 지구상에서 가장 단단한 물체가 되었답니다. 이처럼 58면체인 다이아몬드 안에는 정사면체라는 또 다른 다면체가 숨어 있어요.

정사면체

축구공에 숨어 있는 도형은 무엇일까요?

축구공을 한번 잘 살펴보세요. 둥근 구 모양이지만 자세히 살펴보면 정오각형 12개와 정육각형 20개를 이어 만들었다는 것을 알 수 있어요. 이런 모

축구공을 펼친 모습   축구공

양의 축구공은 1970년 멕시코에서 열린 월드컵에서 처음 사용되었어요. 이런 축구공 모양 속에는 수학 원리가 숨어 있답니다.

축구공은 둥글면서도 튼튼하고 탄력이 있어야 해요. 그래야 선수들이 차더라도 모양이 변하지 않고 잘 구르겠지요? 그래서 한 회사에서 여러 가지 조건을 만족시킬 축구공을 만들기 위해 수학자들에게 연구를 부탁했어요. 연구 결과, 정오각형 12개로 만들어지는 정십이면체가 비교적 구의 모양과 비슷하다는 것을 알게 되었지요.

정육각형으로 만들면 더 둥근 모양이 되지 않을까 고민해 보았지만, 정육면체를 연결했을 때는 틈이 생겨서 정다면체가 만들어지지 않았어요. 그래서 정오각형과 정육각형을 연결해 축구공을 만들게 된 거예요.

상식 정다각형과 정다면체

변의 길이가 모두 같고, 각의 크기가 같은 모두 같은 다각형을 정다각형이라고 해요. 정다각형으로 만들어진 도형을 정다면체라고 하고요. 정다면체는 다음과 같은 5개밖에 없어요.

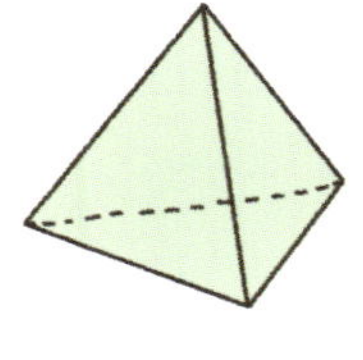
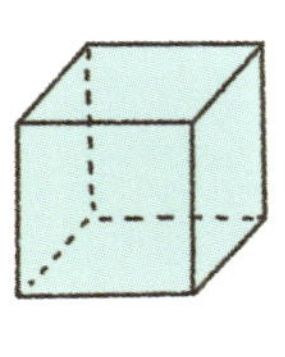
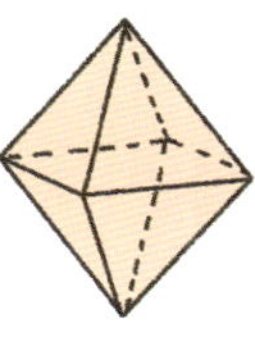
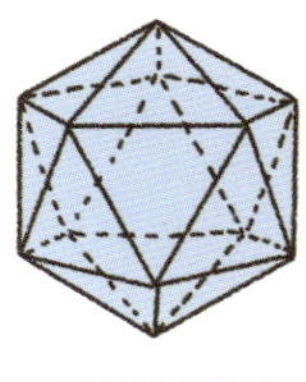
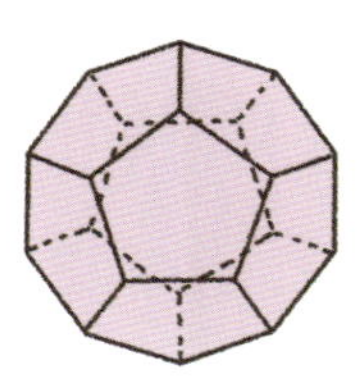

정사면체   정육면체   정팔면체   정십이면체   정이십면체

전개도를 잘 그리려면 어떻게 해야 할까요?

전개도는 입체도형을 평면에 펼쳐 놓은 것처럼 그린 그림이에요. 쓰레기 재활용을 할 때 우유 팩이나 상자를 잘라 펼쳐 놓는데, 이것도 하나의 전개도라고 할 수 있지요. 접히는 부분은 점선으로, 나머지 부분은 실선으로 그려요. 상자를 만들 때는 실선 부분만 오리고 점선 부분은 접으면 되지요.

직육면체는 직사각형 모양의 상자라고 생각하면 돼요. 직육면체의 전개도를 그리는 방법이 한 가지만 있는 것은 아니에요. 상자의 어느 모서리를 자르느냐에 따라 펼친 종이의 모양이 달라지듯, 그리는 사람에 따라 다른 방식으로 그릴 수 있답니다. 그렇다면 직육면체의 전개도를 맞게 그렸는지 실제로 만들어 보기 전에 어떻게 알 수 있을까요?

① 직육면체는 면이 6개이므로 당연히 전개도의 면도 6개여야 해요.

② 직육면체의 전개도에는 모양과 크기가 같은 합동인 직사각형이 3쌍 있어야 해요.

③ 접는 선을 따라 마음속으로 접어 보았을 때 합동인 면이 서로 마주보고 있어야 해요.

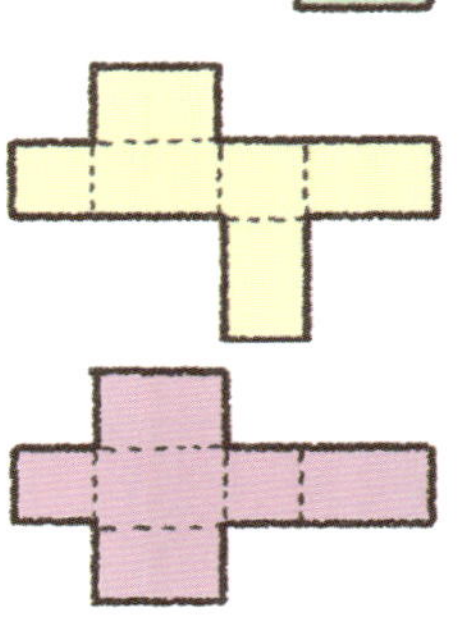

 입체도형의 겨냥도

종이에 입체도형을 그릴 때 입체도형의 모양을 잘 알 수 있도록, 보이지 않는 면까지 표현해서 그린 그림을 '겨냥도'라고 해요. 보이는 모서리는 실선으로, 보이지 않는 모서리는 점선으로 그리지요.

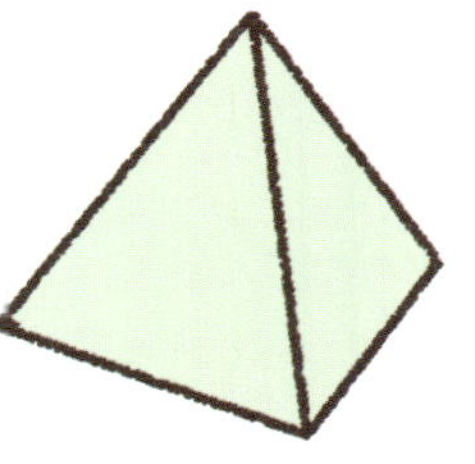

정사면체

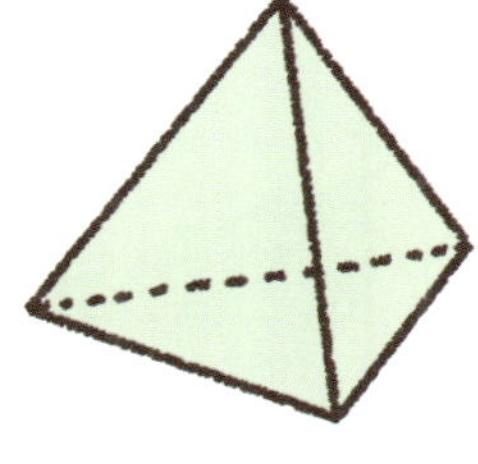

정사면체의 겨냥도

같은 다리를 두 번 건너지 않고
모든 다리를 건널 수 있을까요?

지금으로부터 약 250년 전 동유럽 쾨니히스베르크(오늘날 러시아의 칼리닌그라드)의 주민들에게 답을 준 사람은 바로 스위스의 유명한 수학자 오일러였어요. 오일러는 다리와 도시의 모습을 간단한 도형으로 바꾸었어요. 다리를 선으로 생각하고, 땅을 점으로 생각해서 다음과 같이 나타냈지요.

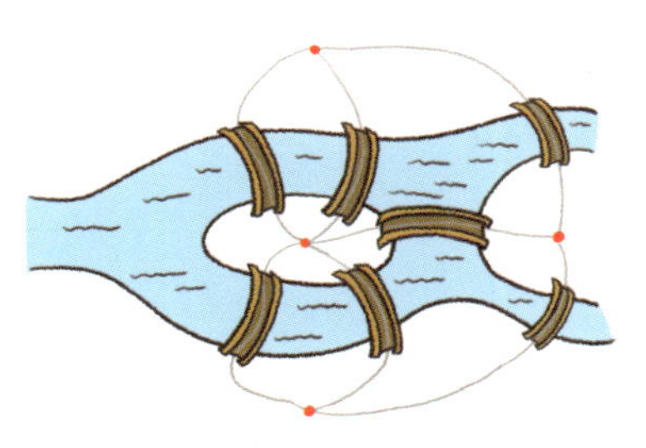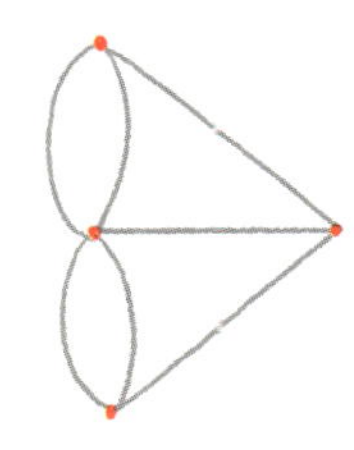

오일러는 같은 선을 2번 지나지 않고 이 도형을 한 번에 그릴 수 있는지 연구하다가 다음과 같은 법칙을 발견했어요.

- 한 점에 모이는 선이 짝수 개인 점을 '짝수점', 한 점에 모이는 선이 홀수 개인 점을 '홀수점'이라고 할 때, 짝수점만 있으면 어느 점에서 시작해도 같은 선을 2번 지나지 않고 한 번에 그릴 수 있다.
- 하지만 홀수점이 2개 있을 때는 한 홀수점에서 시작해 다른 홀수점에서 끝나야만 가능하다.

그런데 이 마을의 다리를 도형으로 나타냈을 때 홀수점이 4개 있었으므로, 오일러는 다리를 한 번만 건너면서 모든 다리를 지나는 것이 불가능하다는 것을 알 수 있었던 거예요.

상식 간단한 도형으로 나타낸 노선도

오일러가 도시의 지도를 도형으로 나타낸 것처럼, 우리 주변에서도 실제 모습과는 조금 다르지만 편하게 볼 수 있도록 간단한 도형으로 나타낸 그림을 찾아볼 수 있어요. 바로 지하철 노선도나 버스 노선도와 같은 것들이지요. 실제 지하철역의 위치나 역 사이의 거리는 다르지만, 지하철 노선도에는 한눈에 들어오도록 거리가 일정하게 그려져 있어요.

5 측정

1시간은 왜 60분일까요?

시간과 시각은 어떻게 다를까요?

싼타쿠로수 별에서 지구까지의 거리는 어떻게 잴까요?

미터는 누가 정했을까요?

왜 똑같은 것을 다르게 표현할까요?

누가 가장 넓은 땅을 가졌을까요?

배는 왜 가라앉았을까요?

울퉁불퉁한 돌의 부피를 잴 수 있을까요?

우유는 왜 부피의 단위로 나타내지 않나요?

달에서 내 몸무게는 얼마일까요?

1시간은 왜 60분일까요?

아이가 한 계산은 무엇이 잘못되었을까요? 보통 숫자를 계산할 때는 자릿수가 1, 10, 100……으로 올라가요. 아이는 시간도 보통 숫자처럼 계산한 거예요. 1시간을 100분으로 착각하고 계산한 것이지요. 즉, 130분에서 50분을 빼서 80분이 남았다고 한 거예요. 하지만 시간을 계산할 때는 60 단위로 자릿수가 바뀌어요. 1시간은 60분이고, 1분은 60초이기 때문이지요.

시간 단위는 왜 이렇게 정해졌을까요? 1시간은 10분으로, 1분은 10초로 정했다면 헷갈리지 않을 텐데 말이에요.

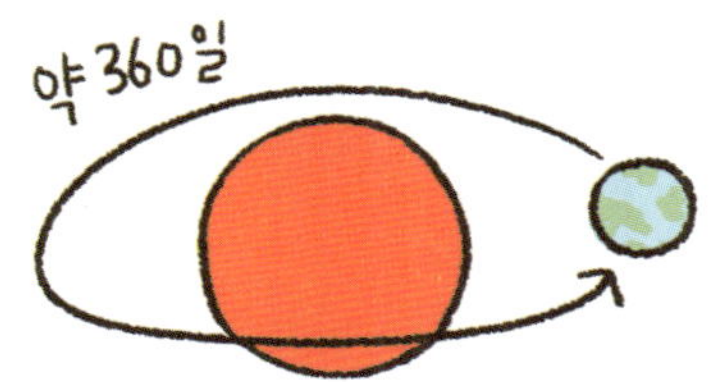

그 이유는 지금의 시간 체계가 고대 바빌로니아 사람들이 쓰던 것을 받아들인 것이기 때문이에요. 바빌로니아 사람들은 지구가 태양을 한 바퀴 도는 데 약 360일이 걸린다는 것을 알고 있었어요. 그래서 태양의 모습인 원을 360으로 생각하고, 이것을 6으로 나눈 60을 기본 단위로 수를 계산했어요.

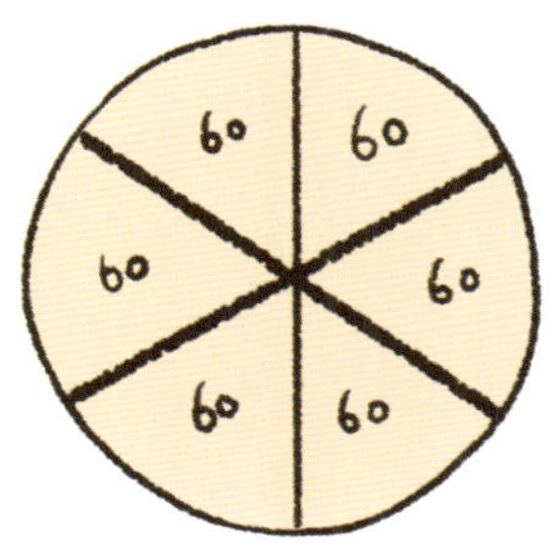

그래서 시계도 둥근 원 모양이 많은 거랍니다.

 시간의 단위

1년 = 약 365일   1주일 = 7일   1일 = 24시간   1시간 = 60분

1분 = 60초

시간과 시각은 어떻게 다를까요?

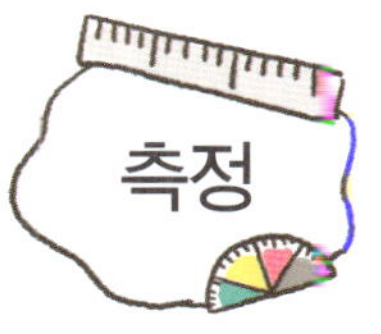

로봇이 말한 것은 시간이에요. 따라서 4시에서 2시간 30분 전으로 돌아가려면 타임머신의 시각을 1시 30분으로 맞춰야 하지요. 하지만 과학자는 시간을 시각으로 착각해서 타임머신의 시각을 2시 30분에 맞추었어요. 결국 한 시간 늦게 도착해 지구를 구하지 못한 것이지요. 이처럼 시간과 시각은 착각하기 쉬워요.

우리가 시계를 보고 "몇 시지?" 하는 물음에 "2시."라고 답하는 것은 시각이에요. 하지만 "내가 만화를 얼마 동안 보았지?"라는 물음에 "30분."이라고 답하는 것은 시간이에요. 그러니까 시간은 어떤 시각과 시각의 사이를 나타내는 말이지요.

시간을 시각이라고 말하는 경우는 없지만 시각은 시간이라고 하기도 해요. "지금 시간이 몇 시야?"라고 물었을 때의 시간은 원래 시각을 묻는 것이지요. 그래서 사람들은 시간과 시각을 헷갈려한답니다. 하지만 수학에서 시간과 시각은 구별하는 것이 맞아요.

상식   시간의 계산

시간과 시각을 더하거나 뺐을 때 결과는 시각이 되기도 하고, 시간이 되기도 해요. 따라서 잘 생각해서 시각을 붙일지 시간을 붙이지 생각해야 하지요.

- 시간의 덧셈

시각+시간=시각 → 3시 30분+1시간 15분=4시 45분

시간+시간=시간 → 1시간+2시간=3시간

- 시간의 뺄셈

시각-시간=시각 → 5시-3시간=2시

시각-시각=시간 → 4시 20분-2시 10분=2시간 10분

시간-시간=시간 → 3시간 10분-2시간=1시간 10분

싼타쿠로수 별에서 지구까지의 거리는 어떻게 잴까요?

우리가 보통 서울에서 대구까지 거리는 고속도로로 몇 km 가야 한다고 말할 때의 거리는 구불구불 이어진 도로의 길이를 말해요. 하지만 수학에서 어떤 거리를 구할 때의 거리는 그 의미가 조금 달라요.

옆 그림처럼 두 돌 사이의 거리는 어떻게 구해야 할까요? 한 돌에서 다른 돌로 가는 길은 무수히 많겠지만 가장 짧게 가려면 직선으로 바로 연결하면 돼요. 수학에서 말하는 거리는 두 점을 연결한 선분의 길이를 가리켜요. 즉, 직선으로 곧바로 연결된 길이를 말하는 거예요. 그러니까 싼타쿠로수 별에서 지구까지의 거리도 일직선으로 연결된 선의 길이를 구하면 되겠지요? 그럼 나무에서 도로까지의 거리는 어떨까요? 나무에서 도로까지는 여러 개의 직선을 그을 수 있어요. 이럴 때는 그중 가장 짧고 가까운 것의 길이를 구하면 돼요.

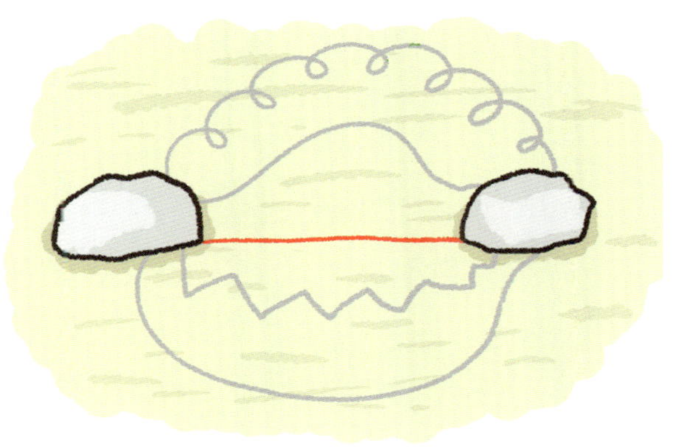

수학에서의 거리

수학에서 점과 점, 점과 선, 도형과 점 사이의 거리는 가장 길이가 짧은 직선의 길이라고 생각할 수 있어요.

미터는 누가 정했을까요?

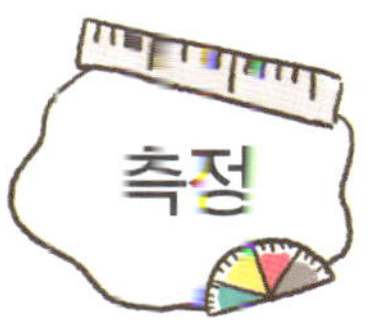

측점

나를 속이다니.
분명히 천을 열 자
달라고 했는데,
고자라지 않소.
내 자로는
분명히 열 자가
맞았소.
관아로
갑시다.
좋소!!
음...
두 사람 말이
모두 맞다.
아니, 어떻게
그럴 수가?
서로 사용하는 자의 길이가
조금씩 달라 그런 것이니,
누구 잘못도 아니다.
누구나 똑같이 잴 수 있는
정확한 자는 없을까?

옛날 사람들은 길이나 양을 몸으로 쟀어요. 하지만 몸으로 재면 사람마다 몸이 조금씩 다르기 때문에 정확한 길이나 양을 알 수 없었지요.

또 다른 나라끼리 무역을 할 때도 단위가 달라 헷갈렸어요. 영국은 '인치'를, 우리나라는 '촌'이나 '자' 등의 단위를, 또 옛날 이집트 사람들은 '규빗'이라는 단위를 사용했어요. 자나 저울 등을 사용하기 시작한 뒤에도 사람마다 나라마다 기준도 조금씩 다르고, 정확한 자나 저울을 만들기 어려워서 혼란스러웠지요.

하지만 '미터(m)'라는 단위를 사용하면서부터 이런 혼란이 사라졌어요. 1790년 탈레랑이라는 프랑스 외교관이 모든 사람이 사용할 수 있도록 변하지 않는 길이의 단위를 만들자고 제안했어요. 그래서 여러 과학자들이 모여 의논한 결과, 지구는 변하지 않으므로 북극에서 적도까지의 거리인 지구 자오선 길이의 $\frac{1}{10000000}$을 1m라고 하자고 정했어요. 시간이 흘러 좀 더 정확히 하기 위해 진공 속에서 빛이 $\frac{1}{299792458}$초 동안 간 거리를 1m로 다시 정했지요. 이렇게 해서 미터가 정해졌고, 이 기준을 많은 나라에서 똑같이 사용하면서 더는 문제가 생기지 않았답니다.

상식 미터 탄생의 의미

미터를 기준으로 센티미터(cm), 킬로미터(km) 등 여러 길이의 단위가 만들어지고 이것을 기본으로 해서 넓이와 부피의 단위도 결정되었으니, 미터의 탄생은 아주 중요한 사건이었어요. 이런 단위들이 정해진 덕분에 개인과 개인, 나라와 나라 사이에 정확하게 거래가 가능해졌고, 계산도 빨리 할 수 있게 되었답니다.

왜 똑같은 것을 다르게 표현할까요?

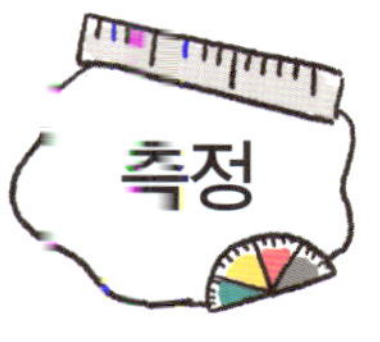

무게를 재는 단위는 mg, g, kg 등 여러 가지예요. 길이를 재는 단위도 m, km, cm 등 여러 가지이지요. 1.6m와 160cm는 같은 길이예요. 하지만 이렇게 다르게 표현하다 보니 어떨 땐 혼란스럽기도 하지요. 그러면 왜 이렇게 단위를 다양하게 사용할까요?

지구에서 태양까지의 거리는 약 149600000만 km예요. 그런데 만약 km가 없어서 cm로 나타내야 한다면 14960000000000cm라고 써야 해요.

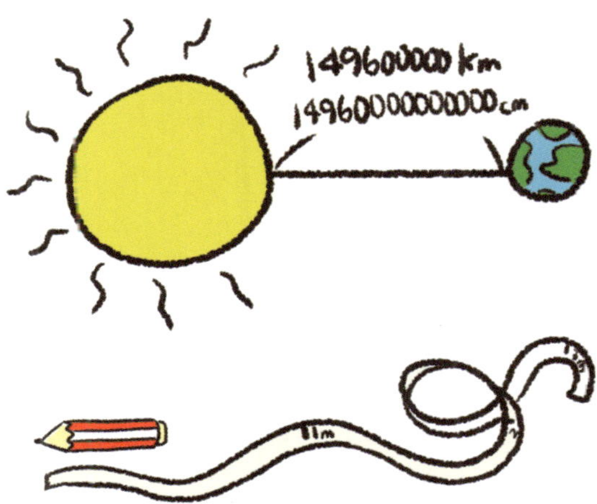

또 m만 표시된 자가 있다면 이 자로는 연필 같은 작은 물건의 길이를 잴 수 없어요.

이처럼 크고 작은 각각의 수나 양을 그때그때 알맞게 표시하기 위해, 같은 무게나 길이라도 다른 단위를 사용하는 거예요.

상식 길이와 무게 단위의 환산

• 길이 단위의 환산

　1km(킬로미터)=1000m

　1m(미터)=100cm

　1cm(센티미터)=10mm(밀리미터)

• 두게 단위의 환산

　1t(톤)=1000kg

　1kg(킬로그램)=1000g

　1g(그램)=1000g(밀리그램)

누가 가장 넓은 땅을 가졌을까요?

　모양이 다른 땅의 넓이는 어떻게 재야 할까요? 이럴 때는 땅을 작은 조각으로 나누고 이 조각을 기준으로 삼으면 넓이를 잴 수 있어요. 왕자는 양탄자를 기준으로 삼았어요. 양탄자를 땅에 깔아 모두 몇 개를 깔 수 있는지 그 개수를 계산해서 땅의 넓이를 비교했지요.

　세 왕자가 가진 땅의 모양은 모두 다르지만, 양탄자를 기준으로 했을 때 4개씩 들어가므로 땅의 넓이는 모두 같아요.

　이처럼 수학에서 넓이를 계산할 때도 기준이 되는 넓이, 즉 단위 넓이를 정하고 그것이 몇 개 들어가는지 따져 보면 넓이를 측정할 수 있어요. 예를 들어 가로와 세로 길이가 각각 1cm인 조각이 15개 들어갈 때 그 넓이는 15cm²(제곱센티미터)라고 하지요.

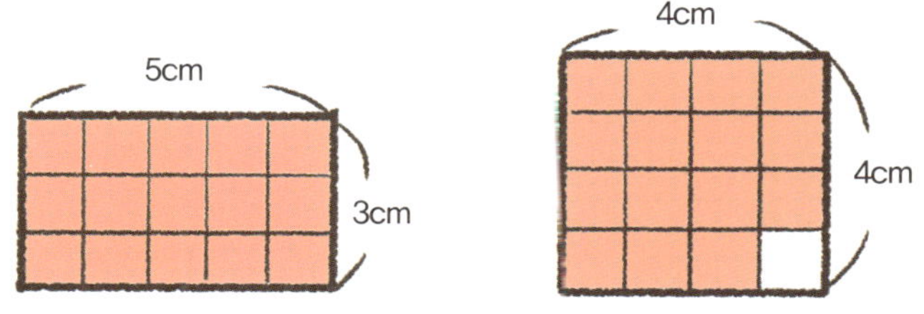

 넓이의 단위

가로, 세로가 각각 1m인 사각형을 기준으로 넓이를 구할 수도 있어요. 그럴 때 넓이는 m^2(제곱미터)로 표시해요. cm^2, m^2보다 더 큰 넓이의 단위로는 a(아르), ha(헥타르), km^2(제곱킬로미터)와 같은 것들이 있어요. $1m^2$와 $1km^2$는 차이가 너무 크게 나서 중간 크기의 땅을 나타내기 위해 아르와 헥타르가 만들어졌지요.

(*아래 그림들은 그릴 수 있는 공간 제한으로 정확히 10배 차이가 나게 그려지지 않았으니 참고하세요.)

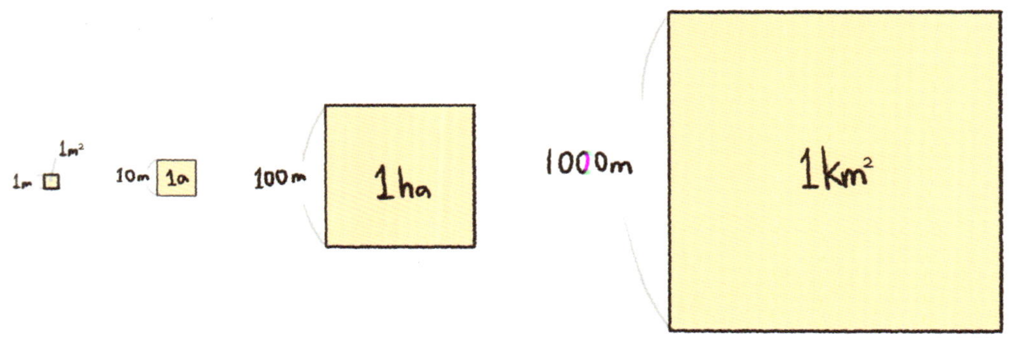

 단위 넓이

어떤 공간이나 물건의 넓이를 재는 데 기준이 되는 넓이를 단위 넓이라고 해요.

가로세로의 길이가 각각 1m인 벽을 한 변의 길이가 10cm인 정사각형 모양의 예쁜 타일을 붙여 장식하려고 해요. 타일은 모두 몇 개가 필요할까요?

풀이 1m는 100cm예요. 그러므로 벽에는 한 변이 10cm인 정사각형의 타일을 가로로 10개, 세로로 10개 붙일 수 있지요. 따라서 벽을 꾸미려면 타일 100개가 필요해요. 벽의 넓이는 1m×1m=1m^2 또는 100cm×100cm=10000cm^2 라고 나타낼 수 있어요.

답) 100개

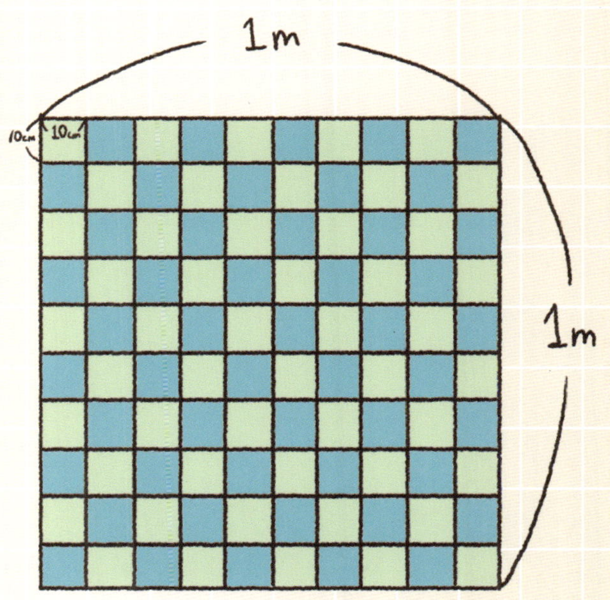

배는 왜 가라앉았을까요?

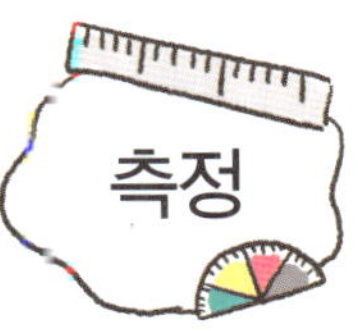

이 돌로 멋진
건물을 지어야지.
왜 이렇게
조금 싣고
왔어?
1m
배가 작으니 너무
무거워서 가라
앉을까 봐 그랬지.
내가 옮겨 봤는데
이것보다 부피가 두 배는
더 커도 상관없어.
두 배는 커도
된다고?
으앗,
두 배는 더 실어도
된다고 했잖아!
자네가 실은 건
부피가 여덟 배나
더 큰 거라고!
2m

배는 왜 가라앉았을까요? 입체도형이 공간에서 차지하는 크기를 '부피'라고 하고, 부피는 가로×세로×높이로 구해요. 그러니까 처음 옮긴 돌의 부피는 1m×1m×1m=1m³예요. 그러니까 부피가 2배 더 커지려면 2m³의 돌을 실었어야 하지요.

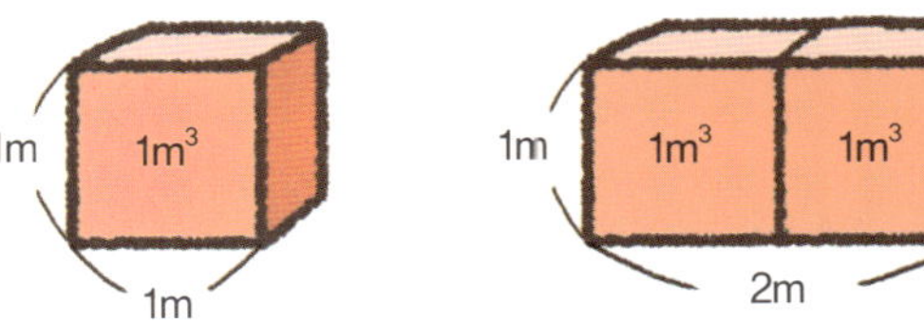

그런데 돌을 싣고 오는 사람이 그만 착각해서 길이가 2배인 돌을 실은 거예요. 즉, 한 모서리의 길이가 2m인 정육면체 돌을 실은 것이므로, 그 돌의 부피는 2m×2m×2m= 8m³가 되지요. 따라서 원래 1m³의 부피보다 8배나 늘어난 셈이 되므로 너무 무거워서 배가 가라앉게 된 거예요.

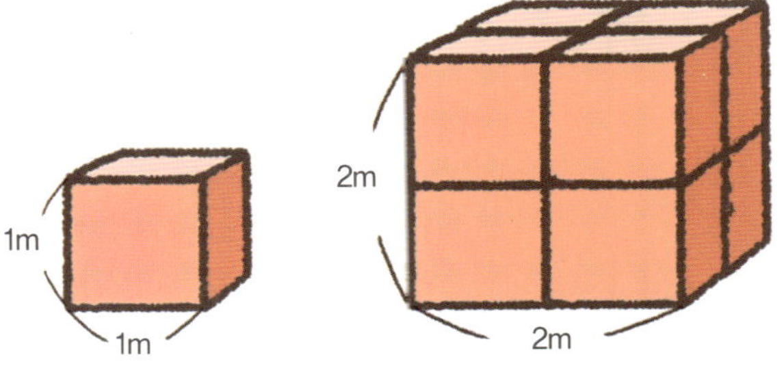

상식 부피의 단위

• cm³: 한 모서리의 길이가 1cm인 정육면체의 부피를 1cm³라고 하고, '일 세제곱센티미터'라고 읽어요.

• m³: 한 모서리의 길이가 1m인 정육면체의 부피를 1m³라고 하고, '일 세제곱미터'라고 읽어요.

• 1m³=1m×1m×1m=100cm×100cm×100cm=1000000cm³

따라서 1cm³와 1m³는 무려 1000000배 차이가 난답니다.

울퉁불퉁한 돌의 부피를 잴 수 있을까요?

직육면체나 정육면체 모양의 부피는 가로×세로×높이로 쉽게 구할 수 있어요. 그런데 돌멩이처럼 울퉁불퉁한 사물의 부피도 구할 수 있을까요? 이런 사물들은 모양이 제멋대로여서 일반적인 방법으로는 부피를 구할 수 없어요. 하지만 일반적으로 부피를 구하는 방식을 응용할 수는 있지요.

목욕탕에서 보면 사람들이 물에 들어갈 때 물이 넘쳐흘러요. 물에 들어간 사람의 부피만큼 물이 올라와 밖으로 흘러넘친 거예요. 마찬가지로 물을 담은 그릇에 돌멩이를 넣으면 돌멩이의 부피만큼 물이 올라오겠지요?

가로, 세로, 높이가 각각 50cm인 정육면체 그릇에 20cm 정도 차도록 물을 부어요. 그런 다음 돌멩이를 넣으면 물의 높이가 올라가요. 이때 물이 올라간 높이를 재요. 물이 올라간 만큼의 부피가 돌멩이의 부피이므로 가로×세로에 올라간 높이를 곱하면 돌멩이의 부피를 구할 수 있지요.

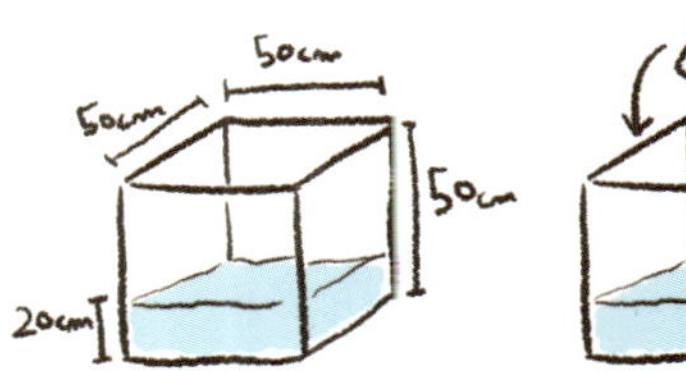

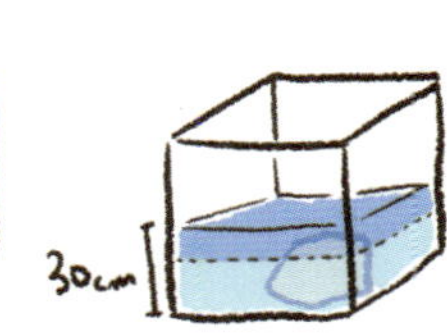

걸리버의 식사량

소설 《걸리버 여행기》에서도 부피에 대한 개념을 찾아볼 수 있어요. 걸리버는 아주 작은 사람들이 사는 나라인 소인국에 갔다가 붙잡혀요. 그런데 소인국 사람들은 자기들 기준으로 1728명분의 식량을 걸리버에게 먹이느라 쩔쩔매지요. 왜 하필이면 1728명분이었을까요?

걸리버의 키는 소인국 사람들보다 12배 크다고 나와요. 걸리버가 정사각형 모양은 아니지만, 부피의 공식인 (가로)×(세로)×(높이)=(부피)를 이용해 계산하면 12×12×12=1728이 되지요. 그래서 소인국 사람들은 걸리버가 1728명분의 식사를 해야 한다고 생각했던 거랍니다.

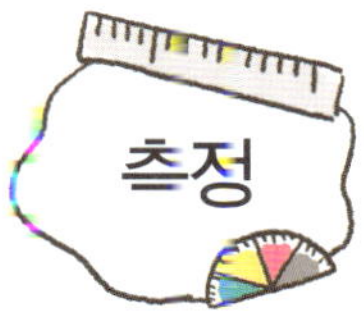

우유는 왜 부피의 단위로 나타내지 않나요?

138

우유나 물 같은 액체는 정해진 모양이 없어서 담는 그릇에 따라 모양이 달라지지요. 그래서 그대로는 부피를 구할 수 없어요. 네모난 모양의 그릇에 담아 부피를 재야 하지요. 그래서 액체의 부피는 '들이'라고 해요. 단위도 밀리리터(mL), 리터(L), 킬로리터(kL) 등을 쓰지요.

그런데 부피를 잰 것인데 왜 부피의 단위를 사용하지 않을까요? 부피와 들이는 비슷해 보이지만 조금 달라요. 부피는 내부가 꽉 차 있는 전체 크기를 가리키는 것이고, 들이는 그릇 안쪽에 꽉 차게 들어가는 양을 가리키는 거예요. 따라서 같은 크기의 그릇이라도 두께가 다르면 들어가는 양이 달라져요.

들이를 잴 때는 그릇 안쪽 빈 공간의 크기가 중요해요. 한 모서리의 길이가 10cm인 정육면체의 부피(10cm × 10cm × 10cm=1000cm³)와 똑같은 들이를 1L(리터)라고 해요. 들이를 비교할 때는 많다/적다 또는 크다/작다와 같은 갈을 사용하지요.

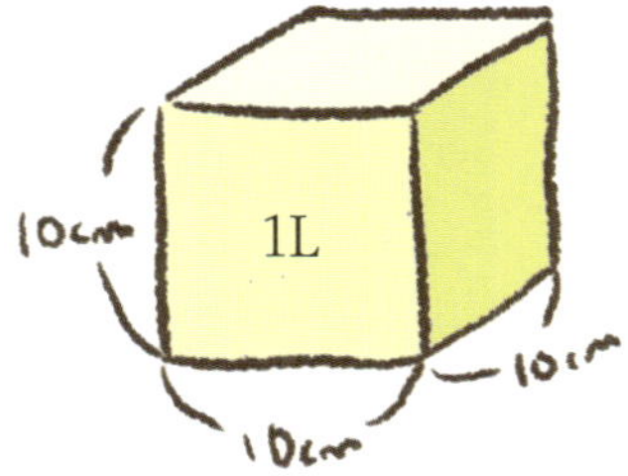

안쪽 공간이 작아요.

안쪽 공간이 커요.

 상식 들이의 단위

1kL(킬로리터)=1000L

1L(리터)=1000mL(밀리리터) =1000cc(씨씨)

1mL=1cc

달에서 내 몸무게는 얼마일까요?

사실 우리가 쓰는 무게의 단위인 g, kg은 질량의 단위예요. 정확히 사용하려면 g중(중: 1g의 질량을 가진 물체에 작용하는 중력), kg중으로 사용해야 해요. 하지만 보통은 우리가 지구 밖에서 생활할 일이 없기 때문에 쓰기 편리하게 중을 붙이지 않고 무게 단위로 사용하는 거예요.

또 무게는 같은 부피를 가진 물체라도 저마다 다르게 나타나요. 그래서 사람들은 무게의 단위를 정할 때 물의 무게를 기준으로 삼았지요. 4℃일 때의 물 1cm³의 무게를 1g이라고 정했답니다.

상식 무게를 측정하는 기구

무게를 측정하는 기구에는 여러 종류가 있어요.

• 용수철저울: 용수철에 가해진 힘과 용수철이 늘어난 정도가 비례하는 성질을 이용해 무게를 측정해요.

• 양팔 저울: 두 물체의 무게를 비교할 수 있어요.

• 체중계: 몸무게를 잴 때 사용하는 저울이에요.

• 전자저울: 무게를 전기 신호로 변환해 표시하는 저울이에요. 정확한 무게를 측정하기에 좋아요.

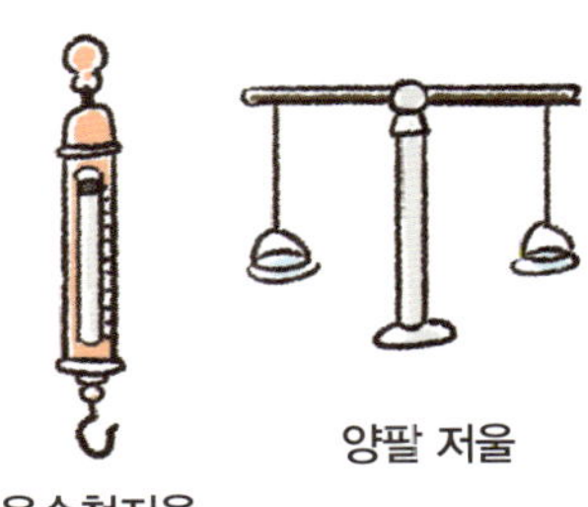

용수철저울

양팔 저울

체중계

전자저울

6 확률과 통계

지구인을 분류하지 못한 외계인은 누구일까요?

병사들은 강을 건널 수 있을까요?

그래프는 왜 그릴까요?

어떤 때 어떤 그래프를 사용해야 할까요?

주사위 내기는 공평할까요?

윷놀이를 할 때 왜 모가 가장 적게 나올까요?

세 장의 카드로 만들 수 있는 세 자리 숫자는 몇 개일까요?

더 많은 경기를 치를 수 있는 경기 방법은 무엇일까요?

비가 올 확률은 왜 $\frac{1}{2}$이 아닐까요?

지구인을 분류하지 못한 외계인은 누구일까요?

세상에는 수없이 많은 물건과 사람, 동물, 식물이 있어요. 그래서 사람들은 특징에 따라 나누어 정리해요. 그런 작업이 바로 '분류'예요.

그런데 분류를 할 때 꼭 알아 두어야 할 것이 있어요. 바로 일정한 기준에 따라 나누어야 한다는 거예요. 그리고 그 기준은 누가 보아도 똑같고 아주 명확한 것이어야 해요.

첫 번째 외계인은 안경을 쓴 사람과 안 쓴 사람으로 분류했어요. 이 분류의 기준은 안경이에요.

두 번째 외계인은 남자와 여자로 분류했어요. 그 기준은 성별이지요.

이 두 가지 경우에는 기준이 명확하고 누가 보아도 같아요.

그런데 세 번째 외계인이 뚱뚱한 사람과 날씬한 사람으로 나눈 것은 기준이 정확하지 않아요. 보통 몸매의 사람을 보고 어떤 사람은 뚱뚱하다고 할 수도 있고, 어떤 사람은 날씬하다고 할 수도 있기 때문이에요. 따라서 세 번째 외계인이 나눈 것은 분류라고 할 수 없어요.

하지만 만약 기준을 몸무게에 두고 60kg이 넘는 사람과 그렇지 않은 사람으로 나누었다면 기준이 명확하기 때문에 분류라고 할 수 있답니다.

 분류와 구분

　분류와 비슷하지만 조금 다른 것으로 '구분'이 있어요. 분류는 여러 가지가 있을 때 그것을 나누어 큰 항목으로 묶는 거예요. 예를 들어 배추, 사과, 배, 딸기, 무, 호박이 있을 때 배추, 무, 호박은 채소로 묶고 사과, 배, 딸기는 과일로 묶는 것은 분류예요.

　반대로 구분은 큰 항목에서 작은 항목으로 나누는 거예요. 문구류에는 연필, 지우개, 공책 등이 있고 가구류에는 침대, 책상, 의자 등이 있다고 하면 구분을 한 것이지요.

 분류

　여러 가지가 있을 때, 일정한 기준에 따라 같은 것끼리 나누어 묶는 것이 분류예요.

146

분류의 예는 우리 생활 속에서 종종 찾아볼 수 있어요. 세 친구가 생활 속에서 분류를 사용한 예를 들고 있어요. 제대로 된 분류를 하지 못한 친구는 누구일까요?

풀이 첫 번째 친구는 재활용 쓰레기를 재료에 따라 유리병류, 캔류, 종이류로 나누어 모았어요. 정확한 기준에 따라 분류했지요.

두 번째 친구는 팔려는 물건들을 옷, 학용품, 책으로 분류했어요. 역시 종류에 따라 정확한 기준으로 분류했지요.

세 번째 친구는 친구들을 두 무리로 나누어 묶었지만 기준이 정확하지 않아요. '착하다'와 '착하지 않다'는 기준이 될 수 없어요. 나에게는 착하지 않게 생각되는 친구가 다른 사람에게는 착하게 생각될 수도 있으니까요. 누구나 알 수 있는 명확한 기준에 따라 나누어 묶은 것이 아니므로 분류라고 할 수 없지요.

답) 세 번째 친구

병사들은 강을 건널 수 있을까요?

평균은 자료 전체의 합을 자료의 개수로 나눈 값을 가리켜요.

$$평균 = \frac{자료\ 전처의\ 합}{자료의\ 개수}$$

강의 깊이가 평균 1.6m라면 더 깊은 곳과 더 낮은 곳이 있을 수 있어요. 왜냐하면 평균은 높은 것은 깎고, 낮은 것은 높여 들쭉날쭉한 것을 고르게 한 것이기 때문이에요. 따라서 평균과 상관없이 강의 가장 깊은 곳은 깊이가 1.7m를 넘을 수도 있지요. 그렇게 되면 키가 1.7m보다 크지 않은 병사들은 물에 빠지게 돼요. 강을 건너는 데는 강의 평균 깊이보다 가장 깊은 곳의 깊이가 중요하지요.

이 이야기를 통해서 알 수 있는 것은 평균은 자료의 전체적인 상태를 알 수 있는 좋은 방법이지만, 자료 하나하나의 특성을 알기는 어렵다는 거예요.

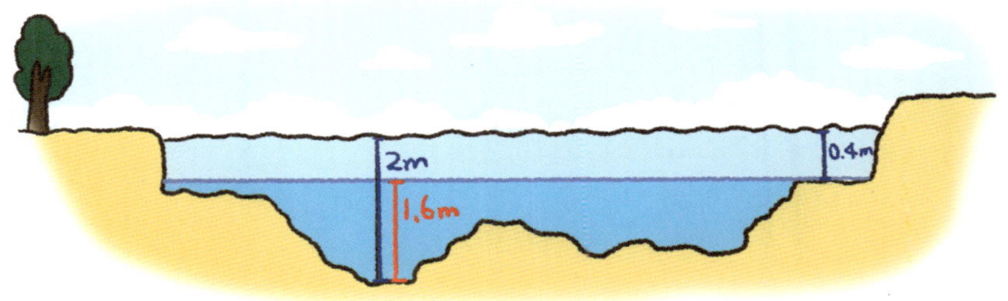

상식 평균과 중간

학생들의 100m 달리기 결과의 평균을 냈더니 16초였어요. 이때 어떤 학생의 달리기 시간이 16초라면 중간이라고 할 수 있을까요? 아니에요. 평균과 중간은 달라요. 평균은 전체 시간을 더해 학생들의 수로 나눈 것이고, 중간은 가운데 등수에 들었는지를 말하는 것이거든요. 달리기 시간이 평균과 같다고 해도, 달리기 등수가 38명 중 25등이라면 중간이라고 할 수 없답니다.

확률과 통계

그래프는 왜 그릴까요?

시험을 볼 때마다 성적이 떨어지네.
성적표

그동안 네 성적이 이렇게 뚝뚝 떨어졌어. 알겠니?
중간고사
기말고사

잘 모르겠어요. 그렇게 많이 차이 나는 것 같진 않은데.
중간고사
기말고사

그래? 좋아. 잠시만 기다리렴.

100점
50점
1월 2월 3월 4월 5월

이렇게 보면 네 성적이 얼마나 떨어졌는지 확실히 알 수 있지?
공부방
100
50
1 2 3 4 5

오빠 열심히 해야겠다.

다음은 엉뚱이의 월별 점수를 나타낸 표예요. 성적이 어떻게 변하는지 한눈에 들어오지 않아요.

월	3월	4월	5월	6월	7월	8월	9월
점수	85점	83점	80점	79점	75점	72점	67점

그래서 엉뚱이의 엄마는 엉뚱이가 보고 느낄 수 있도록 월별 점수를 그래프로 그려서 나타냈어요. 자료를 점, 직선, 닥대, 그림 등을 사용해서 한눈에 알아보기 좋게 나타낸 것을 '그래프'라고 해요.

이렇게 보니 조금씩이지만 성적이 계속 떨어지는 것을 한눈에 알 수 있어요. 또 처음 점수와 마지막 점수의 차이도 한눈에 들어오지요. 이렇듯 수량의 변화를 한눈에 알아보기 쉽게 하려고 그래프로 표현하는 거랍니다.

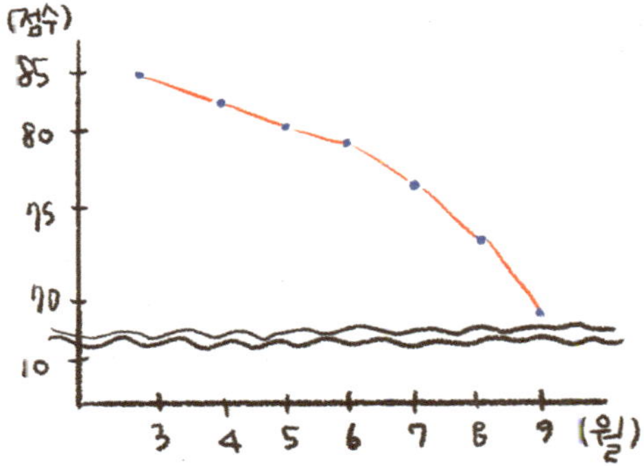

상식 꺾은선그래프 그리기

엉뚱이의 엄마가 그린 그래프는 '꺾은선그래프'예요. 어떻게 그리면 될까요?

① 자료를 정리해요.

② 가로선과 세로선을 그리고, 가로와 세로에 나타낼 항목을 정해요.

③ 세로 눈금 한 칸의 크기를 정해 수나 양을 써요.

④ 조사한 내용을 가로와 세로에서 찾아 서로 만나는 곳에 점을 찍어요.

⑤ 자를 대고 각 점을 선분으로 이어요.

어떤 때 어떤 그래프를 사용해야 할까요?

그래프에는 막대그래프, 그림그래프, 꺾은선그래프, 띠그래프, 원그래프 등 많은 종류가 있어요.

• 같은 종류의 수나 양을 비교할 때는 그림그래프나 막대그래프를 주로 사용해요. 그림그래프는 그림의 크기와 개수로 수나 양을 표현해요. 예쁘고 보기 쉽지만 자세한 수를 나타내기는 어려워요.

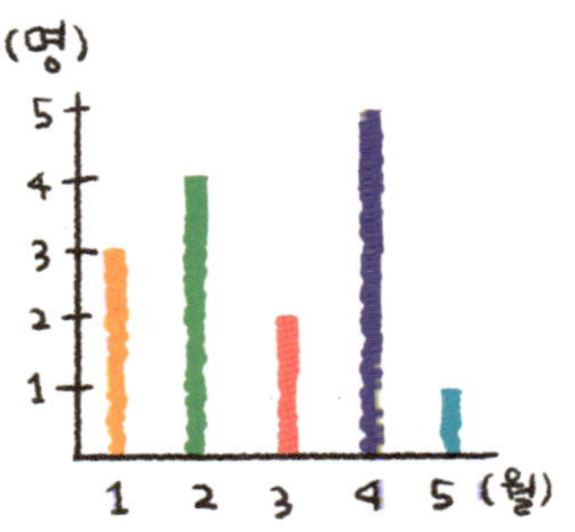

막대그래프는 세로로 된 것과 가로로 돈 것이 있는데 수의 크고 작음을 한눈에 볼 수 있어 많이 이용되지요.

• 월별 성적의 변화, 해마다 증가하는 교통사고의 수 등 연속적으로 변하는 값을 나타낼 때는 꺾은선그래프를 그려요. 선의 기울기로 변화의 정도를 한눈에 볼 수 있어요.

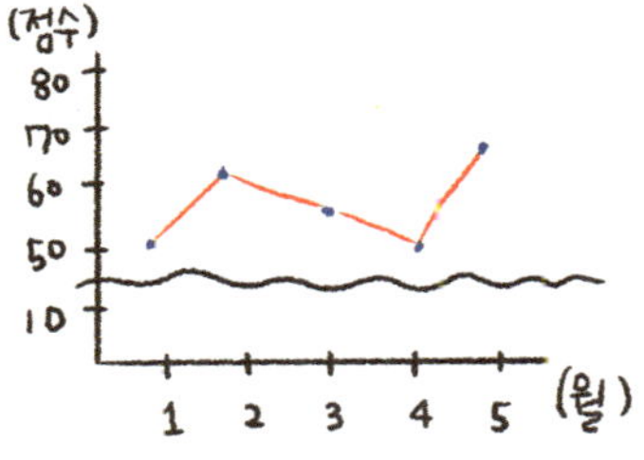

• 전체에서 어떤 부분이 차지하는 양을 한눈에 보고 싶을 때는 띠그래프나 원그래프를 사용해요. 예를 들어 내 용돈이 어떤 부분에 더 많이 쓰였는지 알고 싶을 때 원그래프를 그리면 한눈에 알 수 있답니다.

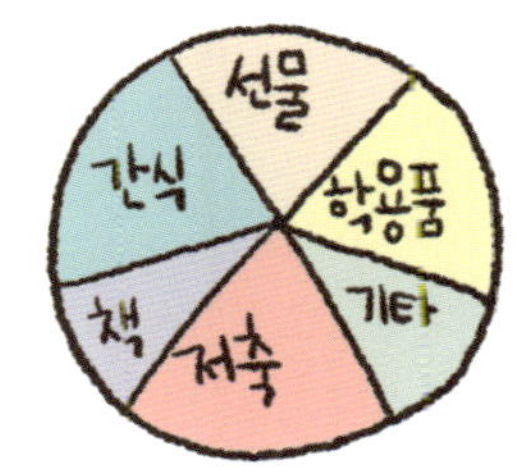

비교할 때 편리한 띠그래프

띠그래프는 어떤 항목이 전체에서 차지하는 비율을 나타낸다는 점에서 원그래프와 비슷해요. 하지만 내가 지난달에 용돈을 쓴 부분과 이번 달에 용돈을 쓴 부분을 비교하고 싶다면 2개의 띠그래프로 나타내는 것이 좋아요. 변화 정도를 원그래프보다 더 쉽게 비교할 수 있거든요.

주사위 내기는 공평할까요?

주사위 1개에는 1~6을 뜻하는 점이 표시되어 있어요. 그래서 2개를 던지면 2~12의 숫자가 나오게 되지요. 2개의 주사위를 던졌을 때 나올 수 있는 수는 36가지예요.

1,1	1,2	1,3	1,4	1,5	1,6
2,1	2,2	2,3	2,4	2,5	2,6
3,1	3,2	3,3	3,4	3,5	3,6
4,1	4,2	4,3	4,4	4,5	4,6
5,1	5,2	5,3	5,4	5,5	5,6
6,1	6,2	6,3	6,4	6,5	6,6

이 가운데에서 3이 나오는 경우는 2가지밖에 없지만 7이 나오는 경우는 6가지가 있어요. 따라서 7이 나와서 형이 이기게 되는 경우가 더 많은 것이지요. 이처럼 서로 다른 숫자를 택해서 내기를 할 때는 어떤 숫자가 나올 경우가 더 많은지 잘 계산해 보아야 해요.

경우의 수

경우의 수는 어떤 일이 일어날 수 있는 경우의 가짓수를 말해요. 주사위 2개를 던졌을 때 3이 나올 경우의 수는 2가지(1, 2 또는 2, 1)예요.

윷놀이를 할 때 왜 모가 가장 적게 나올까요?

윷놀이를 해 보면 개나 걸이 가장 많이 나오고 윷이나 모는 자주 나오지 않아요. 확률을 계산해 보면 그 이유를 쉽게 알 수 있지요.

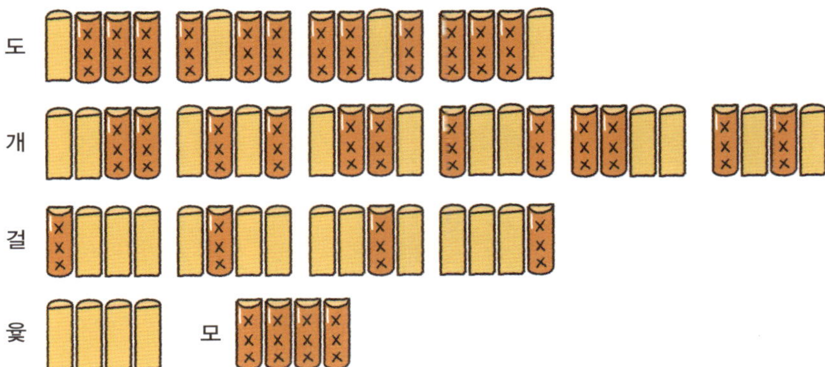

도, 개, 걸, 윷, 모가 나오는 모든 경우는 16가지예요. 도가 나올 확률은 $\frac{4}{16}$, 개는 $\frac{6}{16}$, 걸은 $\frac{4}{16}$, 윷과 모는 각각 $\frac{1}{16}$의 확률이지요. 그러니 개는 자주 나와도 윷이나 모는 자주 나오지 않는 거예요.

그런데 윷의 등과 배 부분의 모양을 보면 정확히 반으로 나누어진 것이 아니라 등 부분이 약간 더 불룩해요. 그래서 등과 배가 나올 확률이 $\frac{1}{2}$이 아니므로 위의 확률이 아주 정확하지는 않답니다. 모가 나올 확률이 윷이 나올 확률보다 좀 더 크지요.

상식 확률은 늘 0과 1 사이

확률은 어떤 일이 일어날 수 있는 가능성을 수로 표시한 거예요. 빨간색 구슬만 들어 있는 주머니에서 파란색 구슬을 꺼낼 확률은 없지요. 이럴 때 확률은 0이에요. 반대로 노란색 구슬만 들어 있는 주머니에서 구슬을 꺼내면 반드시 노란색 구슬이 나와요. 이처럼 어떤 일이 반드시 일어날 경우의 확률은 1이에요. 이처럼 확률은 일어나지 않을 경우와 일어날 경우 사이에 있으므로 그 값은 항상 0과 1 사이에 있답니다.

세 장의 카드로 만들 수 있는 세 자리 숫자는 몇 개일까요?

반 대항 경기를 할 때 경우의 수를 따질 때는 (1반, 2반)과 (2반, 1반)이 경기하는 것은 같은 것으로 보아 1번만 계산에 넣어요.

하지만 숫자는 같은 숫자라도 숫자가 1의 자리, 10의 자리, 100의 자리 중 어디에 놓여 있는지에 따라 값이 달라져요. 따라서 2개의 숫자 카드로 만들 수 있는 수를 구할 때 (2, 1) (1, 2)는 같은 경우의 수라고 할 수 없어요. 각각 다 계산에 넣어야 하지요. 이처럼 순서가 있는 경우의 수는 순서대로 모든 경우를 늘어놓고 전체의 가짓수를 세어야 한답니다.

따라서 1, 3, 5 세 장의 숫자 카드를 모두 한 번씩 사용해 만들 수 있는 세 자리 숫자는, 이 수를 순서대로 늘어놓을 수 있는 모든 경우의 수를 생각해서 구해야 해요.

그러니까 세 숫자로 만들 수 있는 경우의 수는 각 숫자가 첫 번째 자리에 오는 경우의 수를 구한 다음, 숫자가 3개니까 3을 곱해 구할 수 있어요.

• 세 숫자로 만들 수 있는 경우의 수 2×3=6

상식 나뭇가지 모양으로 표현하기

순서가 있는 경우의 수를 알아볼 때는 나뭇가지 모양으로 표현하면 좋아요. 제시된 숫자나 항목을 하나씩 쓴 다음, 옆으로 가지를 쳐 나가면 항목을 빠뜨리지 않고 셀 수 있어요.

더 많은 경기를 치를 수 있는 경기 방법은 무엇일까요?

　4개의 반이 토너먼트로 경기를 하는 경우 몇 번 경기를 치르게 될까요? 1반과 2반, 3반과 4반이 각각 먼저 겨루고, 그 다음에 이긴 반끼리 결승전을 치르게 돼요. 따라서 모두 3번의 경기를 치르게 되지요.

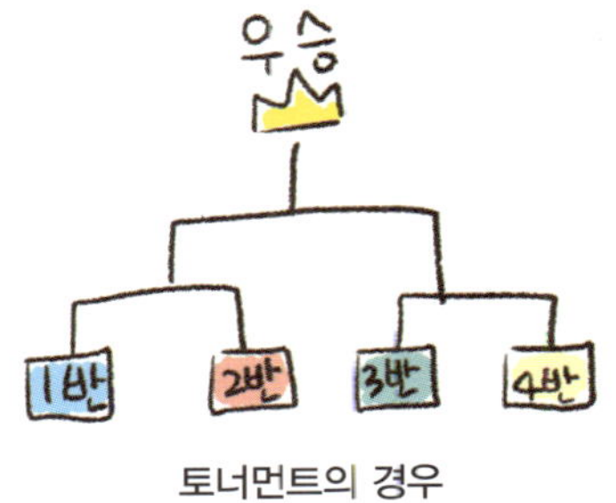

토너먼트의 경우

　그런데 리그전으로 할 때는 좀 더 복잡해요. 리그전에서는 모든 팀이 서로 한 번씩 겨루어야 해요. 따라서 4개의 반이 서로 한 번씩 경기를 하는 경우의 수를 생각해 보아야 하지요.

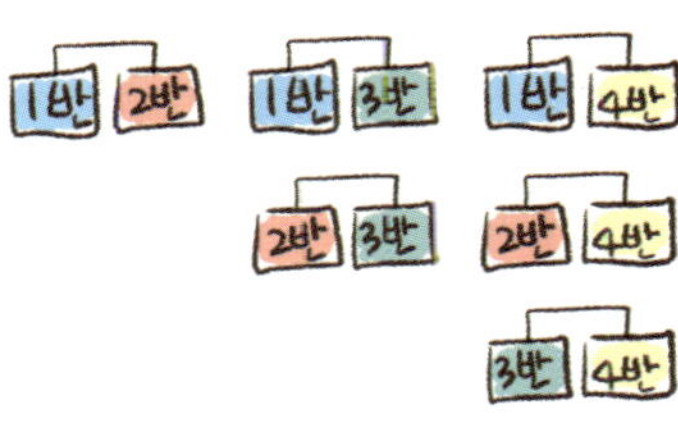

리그전의 경우

　1반이 다른 반과 겨루는 경우, 2반이 다른 반과 겨루는 경우, 이런 식으로 정리하면 옆과 같은 경우가 있어요. 4반은 이미 모든 반과 겨루었기 대문에 따로 정리할 필요가 없지요. 경우의 수에서 1반과 2반, 2반과 1반이 겨루는 것은 결국 같은 경기예요. 따라서 겹치는 경우를 제외하고 계산하면 3+2+1=6으로 4개의 반이 리그전을 할 경우, 모두 6번의 경기를 치르게 된답니다. 따라서 더 많은 경기를 치르고 싶다면 리그전을 선택하면 되지요.

상식 리그전을 치르는 경우의 수

　이렇게 리그전을 치를 때 일일이 경우의 수를 생각해 보지 않아도 계산할 수 있는 규칙이 있어요. 위에서 계산한 방식을 자세히 보면 리그전은 1부터 자연수를 하나씩 더해 가면 되지요. 만약 리그전을 하는 팀이 8팀이면 한 팀을 뺀 7까지, 리그전을 하는 팀이 6팀이면 한 팀을 뺀 5까지 차례로 더해 나가면 된답니다. 이것을 식으로 나타내면 다음과 같아요.

　• 리그전 경기 수 = 1+2+3+4+……+(참가한 팀 수 −1)

비가 올 확률은 왜 $\frac{1}{2}$이 아닐까요?

동전을 던졌을 때 앞면이 나올 확률은 $\frac{1}{2}$이에요. 동전을 던졌을 때 나오는 경우의 수는 앞면과 뒷면의 2가지 경우이고, 앞면이 나오는 경우는 1가지이니까 확률은 $\frac{1}{2}$이 되는 것이지요. 이렇게 따지면 비도 오거나 안 오거나 2가지 경우밖에 없어요. 따라서 비 올 확률도 $\frac{1}{2}$이 되어야 하지요. 하지만 일기 예보를 보면 비 올 확률이 30%라든지 70%라는 식으로 이야기해요.

왜 그럴까요? 그 이유는 일기 예보에서 말하는 확률은 수학적으로 계산한 확률이 아니기 때문이에요.

일기를 예측하는 사람들은 구름, 기압, 바람, 온도 등을 꼼꼼히 살피고, 옛날 자료들을 검토해서 비슷한 상황일 때 비가 왔는지 안 왔는지 조사해서 연구해요. 이렇게 나온 확률을 '통계적 확률'이라고 해요. 오랜 시간이나 세월에 걸쳐 자료를 모으고 통계를 내어 그것으로부터 확률을 구하는 것이지요. 이런 통계적 확률은 단 몇 번의 경험이나 자료로는 구할 수 없어요. 아주 많은 자료를 이용해 확률을 내야만 정확한 결과를 얻을 수 있기 때문이랍니다.

상식 확률을 나타내는 방법

확률은 분수 이외에 소수나 백분율 등을 이용해서 다양하게 나타낼 수 있어요. 특히 비가 올 확률, 복권에 당첨될 확률 등 생활 속에서 많이 사용하는 확률은 백분율로 바꾸어 나타내는 경우가 많아요. 백분율은 전체를 100으로 보았을 때 해당하는 수량이 그중 얼마나 되는지를 나타낸 거예요. 기호는 %(퍼센트)이지요. 비가 올 확률이 $\frac{7}{10}$이라면 백분율로는 70%라고 표현해요.

사진 출처

위키백과 (CC BY SA)

P.13(시계, Mummelgrummel) P.89(롤러코스터, Edd72) P.93(다리, Cjdaniel) P.99(벌집, Vaikoovery)
P.101(알함브라 궁전, Gianni Cossu) P.111(다이아몬드, David Bjorg)